Collection « La Fabrique de l'histoire »
dirigée par Emmanuel Laurentin

Par nature, la parole radiophonique est fugace. Elle touche brièvement son auditeur avant de s'enfuir ou d'être oubliée. La collection « La fabrique de l'histoire » a pour but de rassembler des récits de vie recueillis lors des séries documentaires de l'émission quotidienne de France Culture. Elle permet de prolonger la réflexion historique en choisissant des objets peu étudiés et d'encadrer la parole des témoins de synthèses nouvelles.
Mais, avant tout, ces ouvrages voudraient mettre en avant le plaisir que nous avons à interroger le passé et à transmettre les fragments délaissés des témoignages enregistrés. Et poursuivre ainsi le questionnement sans cesse renouvelé sur le passé et ses usages.

Les femmes politiques

www.editionscomplexe.fr

ISBN 978-2-8048-0142-7

Séverine Liatard

Les femmes politiques

En France, de 1945 à nos jours

« La Fabrique de l'histoire »

EDITIONS COMPLEXE

Introduction

La lente féminisation des institutions politiques en France

Lors de l'élection présidentielle de 2007, pour la première fois, une candidate, Ségolène Royal, s'est trouvée en position d'être élue présidente de la République. Face au retard de la France en matière de féminisation de son personnel politique, le phénomène est d'une absolue nouveauté. La politique est virile, et les causes de la monopolisation du pouvoir par les hommes sont multiples et s'inscrivent dans le temps long de l'histoire : le rôle de la loi salique, qui interdit aux femmes la succession au trône, la Constitution de 1793 qui instaure le suffrage universel en le réservant à la gent masculine ce que reprennent à leurs comptes l'Empire puis la République, qui confient aux femmes la fabrique des mœurs en les excluant de celle des lois[1]. Plus récemment, les règles institutionnelles de la Ve République de 1958

1. Éliane Viennot, *La France, les femmes et le pouvoir,* vol. 1 : *L'invention de la loi salique (*V*e*-XVI*e siècles)*, Paris, Perrin, 2006, et Éliane Viennot (dir.), *La Démocratie « à la française » ou les femmes indésirables*, Paris, Publications de l'université de Paris-VII-Denis Diderot, 1996.

contribuent à freiner la lente féminisation des instances politiques, amorcée au lendemain de la Seconde Guerre mondiale au niveau du Parlement et du pouvoir exécutif. À cela s'ajoutent des constructions culturelles enracinées dans l'imaginaire social, qui véhiculent le préjugé selon lequel les femmes n'ont pas les aptitudes nécessaires pour gouverner. Les raisons de ce partage sexué des rôles sont multiples et relèvent pour une grande part du symbolique[2]. La revendication de la participation des femmes à la chose publique est de plus appréhendée comme une potentielle confiscation du pouvoir par le féminin : les femmes ne sont pas considérées comme des individus capables de représenter l'universel[3]. Tous ces facteurs s'entremêlent et le système se contente de tolérer des femmes d'exception qui sont souvent ramenées aux figures de courtisane, de femme autoritaire ou de mère protectrice. Elles restent rares, régulièrement traitées comme des déviantes ou des intruses et, pour la plupart, sont oubliées de la mémoire nationale[4]. Il reste difficile pour elles de s'intégrer dans des partis historiquement fondés et conçus sans elles, et leur présence dans le monde politique dépend toujours des hommes, parce qu'ils détiennent les leviers du pouvoir.

---

2. Françoise Héritier, *Masculin/féminin. La pensée de la différence*, Paris, Odile Jacob, 1996.

3. Françoise Gaspard, « Féminisation de la politique ? Un regard international », *Travail, genre et sociétés*, n° 18, novembre 2007, pp. 135-138.

4. Christine Bard, « Pour une histoire des femmes d'État », *histoire@politique*, n° 1, mai-juin 2007.

L'entrée des femmes en politique

Après la plupart des autres Européennes, les Françaises obtiennent, non sans mal, le droit de vote et d'éligibilité en 1944, par une ordonnance du gouvernement provisoire de la République française à Alger. Les premières qui accèdent à des responsabilités politiques à la Libération sont souvent des militantes engagées avant-guerre ou des résistantes ayant pris des risques sous l'Occupation. Nombre d'entre elles sont propulsées sur le devant de la scène publique, mais un temps seulement, puisque la Ve République gaullienne marque la disparition quasi totale des femmes de la scène politique et parlementaire, qui peut se définir comme le « temps de la politique virile[5] ». Être femme politique reste donc une fonction marginale remplie couramment par des « femmes de… », parce qu'elles sont les veuves d'un illustre militant ou parce qu'elles aident leur mari, voire les suppléent dans leurs tâches politiques, pour ensuite tenter par elles-mêmes – avec l'aide d'un protecteur – d'intégrer les structures du pouvoir. Il s'agit par exemple de Marcelle Devaud, Irène de Lipkowski ou Marie-Madeleine Dienesch à droite, Marie-Claude Vaillant-Couturier, Gilberte Brossolette ou Jacqueline Thome-Patenôtre à gauche et au centre gauche.

La génération suivante, marquée par le second conflit mondial, s'engage au moment de la guerre d'Algérie.

5. Mariette Sineau, *Profession femme politique. Sexe et pouvoir sous la Ve République*, Paris, Presses de la FNSP, 2001, p. 151.

Elles sont alors étudiantes, parlent politique à l'université et sont parfois syndiquées. Le mouvement de Mai 68 va plutôt entériner l'idée selon laquelle la politique se fait entre hommes. Un changement advient durant les années 1970 avec le Mouvement de libération des femmes (MLF). Qu'elles aient été militantes féministes ou non, les batailles en faveur de la contraception et de l'avortement représentent pour les femmes politiques des moments fondateurs, et Simone Veil une sorte d'icône féminine de la politique. Celles qui prennent des responsabilités au cours de ces années le font souvent par le biais du syndicalisme et de l'associatif, en prenant en charge les domaines de la « condition féminine » ou de la famille. Au compte-gouttes, elles s'immiscent dans des conseils municipaux ou sont conviées dans quelques cabinets ministériels. Valéry Giscard d'Estaing est le premier chef d'État à se préoccuper d'améliorer la condition féminine et à féminiser le pouvoir. Six femmes vont être nommées dans le premier gouvernement Chirac en 1974. Il s'agit en fait de rendre visible leur participation aux décisions gouvernementales tout en les maintenant au second rang de la hiérarchie politique. Ce sont des personnalités alibis, nommées pour illustrer le changement par l'intermédiaire d'une modernisation de la vie politique. Les femmes investies d'un certain pouvoir durant les années 1970 se nomment Simone Veil, Françoise Giroud, Marie-France Garaud, Hélène Missoffe ou Monique Pelletier à droite, Gisèle Moreau, Arlette Laguiller, Huguette Bouchardeau ou Marie-Thérèse Eyquem à gauche.

La féminisation ébauchée sous Valéry Giscard d'Estaing est renforcée avec l'arrivée de la gauche au pouvoir en 1981. Le gouvernement Mauroy comprend 14 % de femmes issues du nouveau parti d'Épinay. François Mitterrand, qui se réclame de la modernité politique depuis 1965, agit par voie de nominations individuelles en recrutant parmi de fidèles militantes, parfois déjà dotées d'un mandat politique. La contestation féministe qui a agité le Parti socialiste (PS) en 1978 a eu une certaine efficacité. Françoise Gaspard et Yvette Roudy y ont contribué, d'autres femmes en ont profité, comme Édith Cresson, Georgina Dufoix ou Nicole Questiaux, et, pour la génération socialiste suivante : Catherine Trautmann, Véronique Neiertz, Élisabeth Guigou, Martine Aubry ou Ségolène Royal. À droite, toujours aussi peu de femmes sinon les mêmes, telle Simone Veil (ministre des Affaires sociales, de la Santé et de la Ville dans le gouvernement Balladur en 1993) et quelques exceptions qui commencent à se faire connaître, comme Michèle Alliot-Marie, Michèle Barzach ou Nicole Ameline, puis Roselyne Bachelot, « porte-drapeau du féminisme en chiraquie[6] ».

Le gouvernement d'Alain Juppé de mai 1995 veut donner l'image d'un gouvernement converti à la cause des femmes. Son équipe ministérielle est la plus féminine de la Ve République : quatre femmes ministres et huit secrétaires d'État sont nommées parmi des parlementaires ou des membres de la société civile tout à fait novices en politique. Ce sont les célèbres « juppettes ».

6. *Ibid.*, p. 163.

Les promues le seront pour une courte durée puisque huit d'entre elles sont limogées en novembre lors du remaniement ministériel. Ce licenciement collectif va notamment avoir pour effet de mobiliser les femmes politiques de droite et de renforcer leur solidarité sur cette question avec leurs collègues de gauche. Au mois de juin 1996, *L'Express* publie le « Manifeste des dix », qui lance un appel aux partis politiques afin qu'ils s'engagent volontairement dans la voie de la parité, prennent les mesures nécessaires pour que la proportion de femmes atteigne au moins 30 % des élus et adoptent une loi antisexiste. Cinq anciennes ministres de gauche et cinq anciennes ministres de droite signent en commun cette pétition, qui altère le sens de la revendication paritaire, mais va faire entrer le concept dans le débat public[7] et transformer à terme le discours sur l'égalité des sexes[8]. L'inscription de ce principe de parité dans la Constitution va agiter la scène médiatique et intellectuelle. D'un côté, les tenants d'un universalisme à la française soutiennent que les principes de la Déclaration des droits de l'homme et du citoyen de 1789 garantissent l'égalité de tous devant

7. En 1992 déjà, l'ouvrage de Françoise Gaspard, Claude Servan-Schreiber et Anne Le Gall, *Au pouvoir citoyennes ! Liberté, égalité, parité* est publié. La même année, à l'occasion du premier sommet européen « Femmes au pouvoir » à Athènes, la déclaration solennelle suivante est adoptée : « Parce que les femmes représentent plus de la moitié de la population, la démocratie impose la parité dans la représentation et l'administration des nations. »

8. Éléonore Lépinard, *L'Égalité introuvable. La parité, les féministes et la république*, Paris, Presses de la FNSP, 2007, p. 27.

la loi, et sont effrayés par l'éventuelle émergence du communautarisme. Selon eux, cet universalisme repose sur l'idée que tous les citoyens, quelle que soit leur origine, doivent se conformer à un modèle unique. De l'autre côté, le mouvement pour la parité se dit lui aussi universaliste, puisqu'il refuse de prendre en compte les stéréotypes de genre et ne s'intéresse pas à la contribution particulière que les femmes peuvent apporter à la politique. Il ne s'agit donc pas d'un programme d'action positive à l'américaine car les femmes ne sont pas une catégorie mais des individus.

Une loi pour faire progresser la parité

Sans craindre le paradoxe, les paritaristes « veulent *désexualiser* la représentation du peuple en *sexuant* l'individu[9] ». Dans ce cadre, la modification constitutionnelle est considérée comme un mal nécessaire, un outil transitoire susceptible de faire changer une situation inacceptable : « La parité, c'est un instrument d'égalité. Il n'y a pas à le justifier philosophiquement, puisque ce n'est qu'un moyen.[10] » L'hostilité des députés à l'égard de cette initiative en 1997 se renverse deux ans plus tard. L'ajout fait à la Constitution stipulant dans son article 3 que « la loi favorise l'égal accès des femmes et des hommes aux

9. Joan W. Scott, *Parité ! L'universel et la différence des sexes*, Paris, Albin Michel, 2005, p. 14.

10. Roselyne Bachelot et Geneviève Fraisse, *Deux femmes au royaume des hommes*, Paris, Hachette Littératures, 1999, p. 177.

mandats électoraux et fonctions électives » est largement ratifié par l'Assemblée nationale. Cette révision est assortie d'une loi ordinaire adoptée le 6 juin 2000, inscrivant le principe de parité dans les candidatures pour certaines élections. Le Parti socialiste ouvre la voie lors des législatives de 1997 en présentant 30 % de femmes. Sur 250 élus, les socialistes comptent 43 femmes, soit 17 %. Puis le gouvernement Jospin, constitué le 4 juin, se trouve rajeuni, pluriel et féminisé. Les postes ministériels confiés aux femmes se situent qui plus est en haut de la hiérarchie gouvernementale. Le bilan des premières élections post-« loi paritaire », les municipales de 2001, reste cependant mitigé pour les femmes, dans la mesure où 95 % d'entre elles sont maires de petites communes rurales. En revanche, les femmes font une entrée remarquée parmi les adjoints au maire de villes importantes (de plus de 100 000 habitants). Selon la politologue Marion Paoletti[11], si le personnel politique apparaît plus hétérogène, en réalité les lieux de pouvoir détenus par les élus masculins se sont déplacés, des conseils municipaux et régionaux vers les établissements publics de coopération intercommunale (ECPI) et les conseils généraux, préservés de la parité et stratégiques pour la constitution de fiefs électoraux. Les hommes continuent donc de gérer les positions de pouvoir et les carrières politiques de chacun et chacune.

11. Marion Paoletti, « La parité dés-enchantée », *Travail, genre et sociétés*, n° 18, 2007, p. 153-154.

La loi du 31 janvier 2007 a introduit de nouvelles dispositions concernant les élections municipales dans les villes de 3 500 habitants et plus : alternance stricte femmes-hommes dans la composition des listes électorales et obligation de parité sur les listes d'adjoints élus par le conseil municipal. Elle prévoit également une obligation de parité dans les exécutifs régionaux et augmente la pénalité financière à l'égard des partis qui ne respecteraient pas la parité des investitures lors des élections législatives[12]. Lors des municipales de 2008, les femmes ne représentent que 15 % des têtes de liste de l'Union pour un mouvement populaire (UMP) dans les villes de plus de 30 000 habitants et 23 % des têtes de liste du PS dans les communes de plus de 20 000 habitants[13]. Au regard des résultats, les partis politiques résistent toujours à la parité. On compte 91,5 % d'hommes maires dans les villes de 3 500 habitants et plus. Des différences persistent également entre les partis de la majorité et de l'opposition. Malgré une volonté paritaire affichée par le gouvernement, les femmes maires UMP/Nouveau Centre de villes de plus de 30 000 habitants ne dépassent pas les 8 %. Du côté socialiste, elles sont entre 14 % et 16 %[14].

En 2007, Ségolène Royal n'a pas été élue à la présidence de la République et les femmes sont restées au bas

12. « 2001, l'Odyssée paritaire », rapport de l'Observatoire de la parité accessible sur <www.observatoire-parite.gouv.fr>.

13. « Municipales 2008 : l'heure des femmes ? », *Alternatives économiques*, n° 267, mars 2008.

14. « Élections municipales et cantonales 2008 », Rubrique : communiqué de presse, <www.observatoire-parite.gouv.fr>.

de l'hémicycle, puisqu'elles étaient 12,3 % à l'Assemblée nationale en 2002 et qu'elles ne sont pas même 20 % depuis les législatives de juin 2007. La candidate socialiste a dû également faire face, au cours de la campagne électorale, à plusieurs entreprises d'intimidation sexiste[15], dans un pays où ce réflexe semble pourtant se raréfier. Malgré le vote de la loi du 6 juin 2000, l'égalité des sexes dans la sphère politique peine toujours à se traduire dans les faits. Cette candidature féminine aux plus hautes fonctions de l'État a nécessairement relancé le débat sur l'absence des femmes au sein des assemblées représentatives et au cœur du pouvoir exécutif.

Vingt-deux entretiens avec des femmes politiques

À cette occasion, nous avons effectué une série documentaire de quatre heures sur les femmes politiques en France, réalisée par Veronik Lamendour et diffusée sur France Culture à la fin du mois d'août 2007. Nous avons sollicité plus d'une vingtaine de femmes politiques, en essayant d'établir un panel qui laisse place à la diversité des parcours, des générations et des adhésions partisanes de chacune. La plus âgée allait avoir cent ans lorsque nous l'avons rencontrée au mois de mai 2007 : il s'agit de Marcelle Devaud, qui débuta en politique en étant l'assistante parlementaire de son époux Stanislas Devaud, député de Constantine de 1936 à 1942. Comme la résis-

15. Éric Fassin, « Le sexisme en campagne », *Libération*, 13 février 2007.

tante Adrienne Maire, née en 1908, qui milite au Parti communiste dès 1932 avec son mari, Marcelle Devaud ne dispose pas du droit de vote, ni du droit de se présenter aux élections. Les deux plus jeunes professionnelles de l'action publique que nous avons interrogées sont la députée Nathalie Kosciusko-Morizet, – devenue en juin 2007 secrétaire d'État auprès du ministre de l'Écologie, du Développement et de l'Aménagement durable et maire de Longjumeau dans l'Essonne –, et l'adjointe à la mairie de Paris en charge de la jeunesse (2001-2008), apparentée communiste, Clémentine Autain. Toutes deux sont nées en 1973. La première, issue d'une famille de longue tradition politique, est une ancienne élève de l'École polytechnique ; la seconde, née dans un milieu artistique, a une formation d'historienne.

Nous avons tenté de couvrir l'ensemble de l'échiquier politique, de l'extrême droite à l'extrême gauche, en choisissant des femmes qui sont ou ont été des professionnelles de la politique, dans le sens où elles ont vécu de cette activité et y ont consacré au moins une dizaine d'années de leur existence. De ce fait, nous n'avons pas souhaité solliciter des femmes qui se sont impliquées dans ce champ ponctuellement et la plupart du temps par la volonté du prince. Nous songeons par exemple à certaines ministres ou secrétaires d'État issues de la société civile, sans mandat électoral ni expérience de militante dans un parti, nommées dans telle ou telle équipe ministérielle pour leurs compétences professionnelles. Leur ambition n'étant pas *a priori* de faire carrière, leur rencontre avec la politique reste brève. Elles quittent donc le champ politique une fois leur contrat achevé ou plus couramment lorsqu'elles sont démissionnées. Nous avons également exclu de notre échantillonnage les militantes de base, pour recueillir le témoignage de femmes exerçant ou ayant exercé des responsabilités politiques au niveau national ou régional. Ce sont donc des professionnelles de la politique : la seule femme ayant été Première ministre, ainsi que des ministres, ministres déléguées ou secrétaires d'État, des députées ou des sénatrices, des maires ou des adjointes de mairies importantes et des conseillères régionales. Dans la plupart des cas, elles cumulent ou ont cumulé certaines de ces fonctions. Nous avons obtenu des interviews auprès de figures connues et reconnues, comme Simone Veil, Édith Cresson, Yvette Roudy, Catherine Trautmann, Arlette Laguiller ou Monique Pelletier.

Nous n'avons pas rencontré de réelles difficultés pour obtenir ces entretiens car, de toute évidence, le thème de notre enquête les intéressait et leur a permis de dévoiler, voire de dénoncer, certains des dessous de la politique. Or, raconter certaines pratiques misogynes propres à ce milieu et la difficulté d'y être minoritaire montre qu'elles ne vivent plus ces humiliations sous le joug de la culpabilité comme auparavant. Même les femmes politiques les plus aguerries, qui admettent s'être tues à certaines occasions par souci de s'intégrer sans se faire remarquer, se souviennent des difficultés rencontrées et adoptent une position offensive. Elles ne choisissent pas non plus la posture de victime et se conforment à des stratégies visant à s'informer des rouages internes des partis politiques, pour s'y investir de plain-pied et accomplir ainsi leurs ambitions politiques, ou au contraire pour s'en extraire, parce qu'elles savent que c'est la reconnaissance des électeurs qui prime. La plupart, comme nous l'a expliqué Nicole Ameline, « ne veulent plus se définir par rapport aux hommes et dépendre d'eux, mais être elles-mêmes, et considérer qu'elles sont aussi compétentes que leurs collègues masculins, et donc légitimes ». Si elles ont conscience que cela reste difficile pour les femmes, parce que, comme l'affirme Simone Veil, le « vrai pouvoir en France, c'est le pouvoir politique », elles se rassurent en se persuadant que leurs concitoyens ne comprendraient pas que les femmes ne s'impliquent pas totalement dans la décision politique. Elles ont certes acquis des positions de pouvoir, mais la gestion des carrières dans cet univers est toujours un apanage masculin. Même si les femmes politiques ont tendance à faire abstraction de cette situation, les rôles et les normes de réussite en politique sont toujours définis et investis par les hommes.

Le désir de se raconter est perceptible depuis la loi sur la parité. Nombre d'entre elles, comme Édith Cresson ou Élisabeth Guigou, ont d'ailleurs publié à ce moment-là leurs mémoires politiques, démasquant à l'occasion les obstacles qu'elles ont dû surmonter pour devenir des femmes politiques et les discriminations qu'elles ont subies. De son côté, la féministe Yvette Roudy a écrit quelques pamphlets sur le sujet, comme *Mais de quoi ont-ils peur?* (1995) suivi de *Allez les femmes. Une brève histoire du PS et de quelques absentes* (2005). La RPR Roselyne Bachelot et la philosophe socialiste Geneviève

Fraisse publient de leur côté: *Deux femmes au royaume des hommes* (1999). L'une et l'autre ont pénétré les mondes très fermés du pouvoir et du savoir, des mondes où les femmes sont admises à la marge. Le moment paritaire contribue à rendre publiques les questions sexuelles et sexuées, ce qui confère aux femmes une plus grande visibilité dans la sphère politico-médiatique, potentiellement porteuse de changements. La controverse française sur la parité provoque un débat idéologique complexe, qui s'inscrit dans une histoire plus ancienne: celle du féminisme confronté au républicanisme à la française[16]. Le combat des féministes, à l'intérieur et à l'extérieur des partis, a rendu scandaleuse la sous-représentation des femmes en politique. La confrontation entre adeptes de et opposants à la parité a suscité de nouveaux travaux universitaires en sociologie politique sur les problématiques des rapports sociaux de sexe[17]. Les recherches en histoire des femmes ont également joué un rôle important pour comprendre et déconstruire sur la longue durée, aux niveaux des faits et des représentations, les tenants et les aboutissants de cette «démocratie sans les femmes». Les philosophes et les politologues réamorcent pour leur part une réflexion sur l'articulation entre

16. Joan W. Scott, *La Citoyenne paradoxale. Les féministes françaises et les droits de l'homme*, Paris, Albin Michel, 1998 (1996 pour l'édition originale).

17. Quelques enquêtes avaient été menées auparavant. Nous faisons référence entre autres à celle réalisée par Mariette Sineau au milieu des années 1980 (Mariette Sineau, *Des femmes en politiques*, Paris, Economica, 1988).

universalisme et différence des sexes, remettant ainsi en cause les grands principes républicains d'égalité entre les individus sur lesquels est fondée la tradition politique française. De ce fait, les femmes détiennent désormais des outils théoriques qui les aident à combattre certaines pratiques d'exclusion menées à leur encontre et surtout à conforter leur identité de professionnelles de l'action publique. Les femmes politiques que nous avons rencontrées ont quasiment toutes un discours argumenté sur la question. Elles ont lu ou ont échangé entre elles, notamment parce qu'elles ont dû, au sein de leur propre parti, prendre position sur la parité. À l'issue de ces luttes discursives qui ne sont pas achevées, la parité, devenue un mot d'ordre, reformule dans le même temps les priorités en matière d'égalité, faisant de l'égalité numérique en politique une priorité du combat pour le droit des femmes[18]. Une féministe en politique comme Clémentine Autain déplore d'ailleurs au cours de notre entretien cette manière de ne penser l'égalité qu'à travers la sous-représentation des femmes en démocratie: «Je suis frappée par le fait que beaucoup de femmes politiques, quand elles parlent des droits des femmes, parlent de la parité en politique sans faire le lien avec l'inégale répartition des tâches domestiques, le problème des salaires, de l'éducation alors que c'est un tout.» La politologue et candidate socialiste aux législatives de 2002, Marion Paoletti, va plus loin lorsqu'elle remarque que la féminisation du monde politique s'accompagne d'un refoule-

18. Éléonore Lépinard, *L'Égalité introuvable, op. cit.*, pp. 14-15.

ment des manifestations les plus brutales de la domination masculine, et notamment de la misogynie ordinaire. Ce refoulement a une contrepartie : la censure des revendications féministes[19]. En 1999, Geneviève Fraisse affirmait déjà que « le mot féminisme étant inconvenant en France, la parité, c'est le cache-sexe du féminisme[20] ».

Toutefois, si la problématique de la féminisation des institutions politiques s'impose à partir des années 1990, il faut aussi l'imputer à un désintérêt doublé d'une perte de confiance de l'opinion publique à l'égard du politique. Il s'agit dès lors de rénover, d'assainir, de réformer les institutions, et les femmes vont se trouver en première ligne d'une alternance salvatrice. Au cœur du dispositif de renouvellement des élites, les femmes « rédemptrices » sont censées faire de la politique autrement, d'une façon moins arrogante et surtout plus morale. Elles doivent nécessairement réenchanter la politique en l'humanisant[21]. Elles seraient plus à l'écoute, davantage sur le terrain et tournées vers l'action concrète. Comme le note la politologue Mariette Sineau[22], la féminisation plaît à l'opinion publique et présenter des candidates en nombre devient donc progressivement un atout électoral.

Du fait de leur situation historique et sociologique et parce qu'elles ont davantage en charge le quotidien, les

19. Marion Paoletti, « La parité dés-enchantée », art. cit., p. 155.

20. Roselyne Bachelot et Geneviève Fraisse, *Deux femmes au royaume des hommes, op. cit.*, p. 186.

21. Catherine Achin *et al.*, *Sexes, genre et politique*, Paris, Economica, 2007, p. 57.

22. Mariette Sineau, *Profession femme politique*, *op. cit.*, p. 161.

femmes ont certainement une plus grande propension à restituer sur la scène politique ce qu'elles observent dans le quotidien, dans la proximité, le concret[23]. Certaines le revendiquent comme un atout: «Moi, je suis pour la concrétisation des projets que je mets en forme. Ce ne sont pas seulement des images, des idées. [...] La politique pour moi, c'est essayer d'avancer, de répondre aux besoins du moment. Ce n'est pas simplement du blabla et ensuite de grandes orientations», affirme la sénatrice du Tarn, Jacqueline Alquier. Selon Yvette Roudy, les femmes se préoccupent davantage du cadre de vie, de la beauté, du bien-être, de l'harmonie. Elle ajoute que «ce qu'on appelle les valeurs féminines entre guillemets deviennent peu à peu des valeurs universelles». Avec la parité apparaissent donc des discours sur l'existence d'une autre pratique du pouvoir, dont les femmes seraient les protagonistes. Cependant, le résultat se révèle ambivalent : cette manière de faire de la politique sur le mode d'un «autrement» a sans nul doute permis à beaucoup de femmes de s'y investir, mais s'est transformé aussi, selon la chercheuse Catherine Achin[24], en un rappel à l'ordre sexué. Certaines d'entre elles sont renvoyées aux traditionnels secteurs dits féminins (famille, enfance, éducation) sans que les règles de fonctionnement de la politique soient bouleversées, puisque ces domaines sont toujours aussi peu valorisés et occupent une place secon-

23. Jeanine Mossuz-Lavau, «Allegro ma non troppo», *Travail, genre et sociétés*, n° 18, 2007, p. 141.

24. Catherine Achin *et al.*, *Sexes, genre et politique*, *op. cit.*

daire dans la hiérarchie des priorités politiques. Ce « faire de la politique autrement » ne sert-il pas davantage à stigmatiser les femmes qui, largement minoritaires dans ce milieu, ne sont pas réellement libres d'innover et se trouvent dans l'incapacité de renouveler les pratiques du métier ? L'effet de cette mise en avant d'une identité féminine peut se transformer en handicap lorsque se négocie un rôle de « femme en politique » exclusif de celui de « femme politique », et donc différent de celui de l'« homme politique professionnel[25] ». Les femmes politiques sont-elles des hommes politiques comme les autres et font-elles de la politique comme leurs confrères ? Notre enquête auprès d'elles part du postulat selon lequel il existe bien une communauté de valeurs et de représentations spécifiques aux femmes politiques, du fait de leur entrée récente et de leur position de dominées dans ce milieu.

Nous avons classiquement débuté la plupart de ces entretiens par une question sur leur entrée en politique, en leur demandant si leur environnement familial et le milieu social dont elles sont issues ont joué en faveur d'un tel choix. Leurs parents étaient-ils politisés ou la politique était-il un sujet abordé au quotidien ? Quel héritage, familial et culturel, a participé à leur apprentissage du métier ? La figure du père est plus couramment désignée, parce que les mères étaient de jeunes citoyennes, souvent d'ailleurs femmes au foyer, pour les générations nées du

---

25. Selon Marion Paoletti, « La parité dés-enchantée », art. cit., p. 153.

début du XXe siècle jusqu'aux années 1940. Peu de « fille de... » dans notre échantillonnage, si ce n'est la jeune Nathalie Kosciusko-Morizet dont le père François Kosciusko-Morizet, est maire de Sèvres, le grand-père un résistant gaulliste de la première heure et l'arrière grand-père, le sénateur-maire SFIO (Section française de l'Internationale ouvrière) de Boulogne-Billancourt. Deux « femmes de... » s'engagent en politique parce qu'elles travaillent avec leur mari et sont amenées à le remplacer. Il s'agit des pionnières Marcelle Devaud, née en 1908, et Hélène Missoffe, née en 1927. À l'exception des communistes Hélène Luc et Gisèle Moreau, de la trotskiste Arlette Laguiller et de certaines socialistes ou apparentées, comme Huguette Bouchardeau et Jacqueline Alquier, toutes appartiennent à un milieu d'origine socialement favorisé. Leur père était cadre supérieur, exerçait une profession libérale ou était artisan. Au cours de ces préliminaires introductifs sur le récit de leur entrée en politique, elles en viennent à leurs titres universitaires. Elles ont pour la grande majorité un capital scolaire élevé, au moins de niveau bac + 3, et sont parfois diplômées d'une grande école. À droite, elles sont souvent juristes de formation, et pour les générations un peu plus jeunes, polytechniciennes, alors qu'à gauche, elles sont plutôt littéraires. Une seule détient le label ENA, Françoise Gaspard.

Certains événements historiques ont pu motiver l'engagement de ces femmes en politique, soit parce que ces moments de rupture favorisent leur émergence sur la scène publique ou motivent leur engagement, soit parce qu'elles appartiennent à une génération marquée par ces moments fondateurs. Il y a la Résistance, dans le cas d'Adrienne Maire, et la Seconde Guerre mondiale marque en général les esprits des femmes politiques nées durant les années 1920-1930. La guerre d'Algérie a suscité ou accentué le militantisme des femmes de gauche. Mai 68 reste un souvenir souvent idéalisé par les plus jeunes situées à gauche, comme Annick Lepetit. D'autres, comme Huguette Bouchardeau, déjà très active au Parti socialiste unifié (PSU), remarquent que Mai 68 n'a rien changé à la répartition sexuelle des tâches: « Les porte-parole de cette révolution étaient des hommes machos peu préoccupés de la situation de leurs consœurs. Les femmes faisaient le café. » La loi Veil de 1974 et le combat en faveur du droit à l'avortement font l'unanimité. La figure de la ministre de la Santé représente un symbole pour les femmes de gauche et de droite: elle occupe une fonction élevée et elle défend sa loi devant un parterre d'hommes de droite en majorité hostiles à ce projet.

Nous les avons aussi interrogées sur le rôle joué par le MLF dans la construction de leur identité de femmes politiques. Question qui débouchait souvent sur leur rapport au féminisme, sur lequel nous reviendrons plus longuement dans la troisième partie de cet ouvrage. Leurs réponses sont mitigées: la plupart d'entre elles se disent féministes, mais « tempérées », comme tient à le préciser Catherine Trautmann. Elles accordent aux féministes des années 1970 un rôle déterminant dans l'obtention de droits pour les femmes et, implicitement, elles reconnaissent aussi que cette contestation a permis aux femmes politiques d'acquérir une conscience identitaire. La majorité d'entre elles, même chez les femmes de gauche, ne se sentent pourtant pas les héritières directes des féministes version années 1970, parce que le mouvement pâtit encore d'une réputation sulfureuse et que le féminisme est largement stigmatisé dans le champ politique. En outre, la majorité des féministes de l'époque contestaient de manière radicale la politique politicienne et s'opposaient à l'idée que le féminisme puisse ne constituer qu'un ajout dans les plateformes programmatiques des partis. Certaines des femmes politiques que nous avons sollicitées ont donc dû choisir entre le combat féministe et l'adhésion à un parti, ou sont mêmes rentrées en conflit avec certaines militantes du MLF.

Il nous a paru important de les questionner ensuite sur leur mode d'entrée en politique. Appartiennent-elles à des mouvements de jeunesse du type syndicat étudiant ? Ont-elles suivi une trajectoire ascensionnelle du militantisme de parti aux fonctions ministérielles en passant par les fonctions d'élue ? Sont-ce leurs investissements associatifs qui les amènent à s'engager en politique, ou entament-elles une carrière politique en haut du système (cabinet ministériel, ministre), en étant nommées par le fait du prince ? C'est une situation relativement courante dans le cas des femmes puisque les mécanismes de la société politique française, selon Geneviève Fraisse[26], les autorisent à gouverner mais pas à représenter une frac-

26. Geneviève Fraisse, « Quand gouverner n'est pas représenter », *Esprit*, n° 200, mars-avril 1994, pp. 103-114.

tion de la population. Le ministre est choisi pour ses compétences et son savoir alors que l'élu, le député en particulier, est un mandataire du peuple et symbolise la nation. En outre, le monarque républicain, toujours masculin, a le pouvoir décisionnel d'ouvrir en nommant mais aussi de fermer aux femmes les portes de la politique en les renvoyant. La scène gouvernementale commence à se féminiser sous Valéry Giscard d'Estaing, avant que l'on puisse parler, en 1981, à propos des ministres nommées, des « élues du prince[27] ». Pour à peu près toutes les femmes interrogées, le fait d'être élue est un facteur de légitimité qui peut leur garantir sur le long terme une place dans le milieu politique. Cela reste parfois insuffisant comme dans le cas d'Édith Cresson. Lorsqu'elle est nommée Première ministre, elle est traitée de « Pompadour » alors qu'elle a occupé à plusieurs reprises les fonctions de députée, celles de maire et celles de ministre.

Enfin, pour clore cette mise en place de leur profil sociologique, nous nous sommes intéressées à leur situation de famille : sont-elles mariée, divorcée, célibataire ? Ont-elles des enfants, et combien ? Des questions particulièrement importantes lorsqu'il s'agit des femmes, qui ont en général davantage en charge le quotidien et l'organisation de la vie de famille, sont obligées de s'arrêter de travailler un moment lorsqu'elles ont des enfants et consacrent davantage de temps à leur éducation. Toutes activités difficilement conciliables avec la vie trépidante et l'emploi du temps surchargé et parfois imprévisible

27. Mariette Sineau, *Profession femme politique*, *op. cit.*, p. 113.

du professionnel de l'action publique. D'après l'enquête de Mariette Sineau[28] réalisée en 1999, la vie de couple constitue même un handicap puisque, pour nombre de députées, le divorce apparaît comme la condition *sine qua non* de la poursuite de leur engagement – alors que, pour les députés hommes, l'accès au pouvoir consolide généralement leur couple. Souvent, du fait de cette difficile conciliation entre vie privée et vie publique, elles revendiquent pour l'ensemble des députés, hommes et femmes, le « droit à une vie de famille[29] », ou estiment qu'il est primordial, lorsque l'on fait de la politique, d'avoir quelqu'un pour s'occuper des enfants et des tâches ménagères.

La façon dont elles sont perçues et regardées par leurs collègues hommes contribue également à les exclure de ce milieu. Toute femme politique fait l'expérience de cette sociabilité masculine, sorte de « fatriarcat », qui caractérise le milieu politique, et éprouve des difficultés à s'imposer dans un microcosme dont certains codes, usages et rites lui échappent. Dans ces espaces, elles sont souvent mises à l'écart et doivent lutter contre un pénible sentiment d'infériorité. Elles ne se sentent pas autorisées à intervenir ou leur parole est posée comme inessentielle ou usurpée par un autre. Elles peuvent être considérées comme des gêneuses ou des voleuses d'emplois. Quand elles ne deviennent pas explicitement la cible de propos sexistes, les femmes politiques sont encore perçues

---

28. *Ibid.*, p. 213.
29. Interview de Ségolène Royal, *Libération*, 16 juin 1988, citée dans Mariette Sineau, *Profession femme politique*, *op. cit.*, p. 203.

comme différentes et illégitimes. Elles représentent leur sexe avant de représenter une fonction. Cette altérité se fonde d'abord et immédiatement sur le corporel. Cette manière de les ramener à leur corps les déprécie naturellement dans l'exercice de leur métier, en les renvoyant à leur supposé destin biologique, à leur vocation d'objet sexuel ou à des rôles sociaux qui restent socialement subordonnés. Elles deviennent dès lors pour leurs collègues masculins des mères, des maîtresses potentielles ou des collaboratrices, voire des secrétaires. Chacune des femmes que nous avons rencontrées a assisté à ce genre d'expériences ou l'a vécu, avec plus ou moins de violence, de la part de leurs camarades ou adversaires politiques, de la part des médias ou des électeurs. Lors des investitures, certaines d'entre elles ont également éprouvé le sentiment que la place qui leur était concédée était une place volée à un homme. Plusieurs d'entre elles font d'ailleurs le récit des batailles menées à l'intérieur de leur propre parti pour obtenir tel ou tel poste ou telle ou telle position sur une liste électorale. Elles ont généralement réussi à imposer leur candidature et les réticences marquées à leur encontre n'ont fait que réactiver leur combativité.

Une fois abordée cette thématique relative à leurs difficultés à s'insérer dans le monde politique, nous étions curieuses d'entendre leur interprétation de cette exclusion des femmes du pouvoir politique, et les moyens susceptibles d'y remédier. À cette occasion, nous avons pu connaître leur avis sur le volontarisme législatif en matière de participation politique des femmes, qu'il s'agisse de la mise en place des principes de quotas ou de parité lors des élections. Sceptiques au départ, elles s'y rallient à peu près toutes à un moment donné, mais à contrecœur: « Il fallait en passer par-là. » Cette sorte de complicité à propos de la nécessité d'une loi pour mettre fin à l'inégale répartition du pouvoir en politique est-elle perceptible sur d'autres sujets ? Nous leur avons demandé s'il existe une solidarité féminine qui passe outre les clivages idéologiques, en particulier sur les sujets concernant de près ou de loin les femmes. Dans quelle mesure estiment-elles qu'il y a également une communauté de pratiques politiques spécifiques aux femmes au niveau de l'organisation du temps en politique ou de la prise de parole ? En bref, pensent-elles que les femmes, et elles-mêmes en particulier, ont une approche différente du pouvoir ?

Les portraits qui suivent ont été élaborés à partir des entretiens que nous avons menés à l'occasion de cette série radiophonique. Ils permettent de retracer des carrières singulières selon une problématique du « genre », susceptible de mettre au jour les modes de construction d'une identité de « femme politique » à travers des pratiques, des usages et des représentations, de soi et des autres, dans un milieu régi par le masculin. Dans la dernière partie articulée autour des témoignages recueillis, ces récits de carrière politique sont complétés par une réflexion sur ce qui différencie les hommes et les femmes en matière d'engagements militants.

Jacqueline Alquier

Née en 1947. Conseillère municipale, maire adjointe puis maire de Labruguière (1989-1995). Députée socialiste du Tarn (1985-1986 et 1988-1993), conseillère régionale de Midi-Pyrénées (1985-1988). Sénatrice du Tarn depuis 2004.

> « On met souvent en avant l'image de la femme politique. Comment se présente-t-elle ? Comment parle-t-elle ? Comment se défend-elle ? On essaie de la culpabiliser vis-à-vis de la famille : comment vont les enfants ? Comment vit le couple ? »

Jacqueline Alquier est sénatrice socialiste du Tarn et a occupé auparavant les fonctions de maire et de députée. Mère de famille avec trois enfants, secrétaire comptable de profession, elle est issue d'un milieu populaire : son père était facteur et sa mère ouvrière dans le textile, puis femme au foyer. Elle s'engage dans un premier temps dans le monde associatif : elle est parent d'élève, organise le transport des écoliers et s'implique au sein de la maison des jeunes et de la culture (MJC) de sa ville. Son adhésion au Parti socialiste (PS) en 1975 fait suite à son engagement syndical aux côtés de son mari au moment de grèves locales dans la filière du bâtiment, puis au sein de l'industrie textile : « Nous étions plein de fougue avec de nombreuses idées. Nous avions le souci de transformer la société. » Ils formeront d'ailleurs à un moment donné un couple d'élus, avant que son mari ne mette en réserve ses ambitions politiques en raison d'un problème de santé. En 1977, elle devient conseillère municipale à Labruguière puis est élue au conseil régional de Midi-Pyrénées en 1985. Elle fait figure de pionnière, puisqu'elle est la première et seule femme de cette assemblée composée de 43 membres.

Le député socialiste de la circonscription, Jean-Pierre Gabarrou, cherche alors un suppléant et la choisit parce qu'il pense qu'une femme issue d'un milieu populaire tarnais, qui plus est de culture protestante, peut incarner un certain renouveau en politique. Elle devient assistante parlementaire et suppléante du député. Lorsque ce dernier décède en 1985, elle le remplace à l'Assemblée nationale. Lors de ses premières sessions parlementaires, elle ne se sent pas à l'aise parce qu'il y a très peu de femmes (à peine plus de 5 %) et qu'elle vient de province. Les députés parisiens accaparent selon elle tous les grands dossiers. En revanche, elle se sent beaucoup plus à l'aise lors de son deuxième mandat, parce qu'elle a été élue : « À partir du moment où vous avez gagné, vous avez cette reconnaissance automatique. Vous êtes là et bien fière d'y être. » Au sein du PS, elle a d'ailleurs dû se battre pour mener une liste alternative susceptible de remporter les élections législatives de 1988. Alors qu'on lui prédit une défaite, la circonscription ayant été redécoupée en faveur de la droite, elle remporte les élections. Réfléchir sur des projets de lois à l'Assemblée ne l'intéresse guère :

« Il y a suffisamment d'énarques, de notables, de polytechniciens à Paris. » Elle préfère le terrain et travailler au développement local. On lui attribue un profil d'assistante sociale, mais Jacqueline Alquier réclame l'agriculture, l'environnement, l'urbanisme pour mener des projets dans un bassin en pleine reconversion économique, en accueillant par exemple de nouvelles entreprises ou en participant à la gestion du parc régional du Haut-Languedoc. Dès le début de son mandat à la région, elle vit une situation humiliante lorsqu'on lui propose de s'occuper des manifestations du type « Les plus beaux villages fleuris » plutôt que de siéger au conseil d'administration des HLM comme elle l'avait demandé.

Au sein du PS, elle siège un an au conseil national (1993-1994), mais n'a jamais eu d'ambitions particulières à ce niveau-là. Elle dit ne s'être jamais appuyée sur l'appareil pour pouvoir se faire désigner à telle ou telle fonction, sauf lorsqu'elle a bénéficié de la loi sur la parité pour les sénatoriales de 2004.

Selon Jacqueline Alquier, les mesures destinées à favoriser l'entrée des femmes en politique sont une nécessité et il reste encore énormément à faire, tant au niveau de l'égalité en politique que dans le monde professionnel. Les hommes s'approprient des prés carrés et laissent entendre qu'il n'y a pas de femmes capables d'assumer de telles responsabilités. « Mon cas démontre à l'inverse qu'il est possible de réussir, d'être reconnue et reconduite », affirme-t-elle. Les difficultés pour les femmes qui ont des ambitions politiques proviennent donc, selon elle, à la fois des hommes qui ne veulent pas laisser leur place et d'un certain conservatisme culturel lié au catholicisme. Issue d'un milieu laïc protestant, Jacqueline Alquier n'a jamais subi de remarques particulières de la part de son proche entourage et de sa propre famille, qui l'a élevée avec une certaine liberté: «La culpabilité ne m'a jamais freinée.» Au sein du PS, elle a bien été la cible de quelques réflexions misogynes, mais elle les a oubliées ou les a dépassées. En règle générale, elle remarque que, effectivement, c'est souvent l'image de la femme politique qui est mise en avant et ses rôles d'épouse et de mère qui sont commentés. C'est justement pour répondre à diverses obligations familiales que les femmes politiques s'organisent mieux et ne s'éternisent pas dans les cocktails: «On a nos heures pour la famille, nos heures pour la politique, nos heures pour nos loisirs et on essaie de jouer avec tout ça, de mieux concentrer notre temps dans chacun de ces secteurs.»

Sa carrière militante lui a permis de s'élever dans la société en assumant certaines responsabilités. C'est la reconnaissance du terrain qui compte avant tout. «J'ai eu au départ une certaine timidité, beaucoup de réserve. J'ai longtemps observé et j'ai compris que je n'avais pas de complexe à avoir, parce qu'on peut avoir beaucoup de culture mais l'intelligence c'est encore autre chose. Je pense avoir l'intelligence du terrain. Je n'ai jamais eu peur de me confronter, que ce soit à un préfet ou à un notable local. Je crois avoir une certaine curiosité et une volonté.» Jacqueline Alquier estime que la société civile dans son ensemble, notamment l'engagement associatif ou bénévole, a un rôle à jouer auprès des élus, car, pour faire avancer les choses, l'action des syndicats et les mouvements sociaux en général sont nécessaires. Elle conçoit la politique comme un moyen de transformer un peu la société et de répondre concrètement aux besoins du moment.

Nicole AMELINE

Née en 1952. Députée UDF (Union pour la démocratie française) puis UMP (Union pour un mouvement populaire) du Calvados depuis 1991. Secrétaire d'État à la Décentralisation (1995). Ministre déléguée puis ministre de la Parité et de l'Égalité professionnelle (2002-2005). Présidente de la fédération UMP du Calvados depuis 2003.

> « La France a probablement longtemps perdu en combativité et en compétitivité à cause de la place réduite faite aux femmes, dans tous les domaines de responsabilité, privé et public. Il fallait rattraper l'histoire et faire en sorte que nous sortions de cette forme d'infamie qui consiste à n'être rien parce qu'on n'est nulle part. »

Nicole Ameline est issue d'un milieu rural du Calvados. Elle se souvient avoir perçu assez jeune certaines des difficultés éprouvées par les femmes, notamment dans le monde du travail, grâce à sa mère qui avait, par exemple, souhaité demander le statut d'agricultrice avant que la législation ne se penche sur le sujet au début des années 1970. Cette dernière avait une forte personnalité et Nicole Ameline se souvient d'une discussion politique à table au moment de l'élection présidentielle de

1974, lorsque sa mère soutenait la candidature de René Dumont face à son père, plus à droite, qui avait choisi Valéry Giscard d'Estaing. Elle a avoué plus tard à sa fille que, dans l'isoloir, elle avait voté comme son mari. Ce qui montre, selon Nicole Ameline, que les femmes avaient encore du mal à s'émanciper totalement de leur mari au niveau du vote.

La figure de sa grand-mère est également importante dans la mesure où, après avoir travaillé pendant la Première Guerre mondiale et goûté à une certaine autonomie, elle considérait que les femmes méritaient mieux que la place qui leur était concédée par les hommes. Ainsi, la détermination de ses aïeules du côté maternel a donné une certaine conscience féministe à Nicole Ameline, qui définit son éducation comme libérale et responsable: «J'assumais mes choix. J'avais la totale responsabilité de réussir. Au fond, ma mère a dû aussi certainement se réaliser à travers moi. Je dis quelquefois que je suis peut-être le "garçon manquant" dans une ferme du pays d'Auge où l'on attend toujours le fils béni puisque c'est lui qui reprendra l'exploitation. J'ai une sœur aînée. Nous ne sommes que deux. La petite fille arrivant à la place du garçon, j'ai hérité de cette idée, ce qui ne signifie pas d'ailleurs que j'étais un garçon manqué.» Elle choisit d'entreprendre des études de sciences politiques et de droit public et prépare un doctorat à Caen pour faire carrière dans l'un des grands corps de l'État.

En 1978, Michel d'Ornano, ministre du Cadre de vie, lui propose de travailler dans son cabinet ministériel. Ses fonctions de chargée de mission la propulsent rapidement à un niveau de responsabilités importantes. Elle acquiert une connaissance de la classe politique à travers ses pratiques et son organisation: «Je dis souvent que j'ai été élevée en politique, parce que j'en ai mesuré à la fois l'importance, les risques et aussi l'éthique.» Comme beaucoup de femmes de sa génération, Nicole Ameline reconnaît devoir son entrée en politique à un homme, en l'occurrence Michel d'Ornano, son mentor local.

Si elle n'a jamais été une militante féministe au sens propre, elle se souvient parfaitement du combat de Simone Veil en 1974. Elle a une vingtaine d'années et il lui paraît essentiel que les femmes puissent maîtriser leur fécondité avec la pilule, puis se sentir elles-mêmes responsables de leur corps avec la légalisation de l'avortement: «Nous entrions dans une aire nouvelle.» Elle commence d'ailleurs à s'intéresser aux problèmes concernant l'égalité entre les sexes au moment où elle intègre ses fonctions ministérielles. Dans son souvenir, il y avait très peu de femmes à ses côtés, et elles étaient confinées dans les domaines qui leur sont traditionnellement confiés: condition féminine, enfance ou famille.

En 1988, Michel d'Ornano demande à Nicole Ameline d'être sa suppléante au Palais-Bourbon, en lui disant: «Il n'y a pas assez de femmes à l'Assemblée nationale, je vous demande d'être avec moi car vous m'y succéderez.» Il s'agissait vraiment, selon elle, d'une volonté de rupture, car la coutume veut qu'un député choisisse plutôt un maire ou un ancien conseiller général comme suppléant. Pendant trois ans, elle remplace ponctuellement le député à l'Assemblée et continue d'apprendre le métier de politique à travers le travail institutionnel, mais aussi sur le terrain, dans la circonscription du Calvados. Elle acquiert une certaine autorité, des compétences et tout simplement de l'expérience. Lorsque Michel d'Ornano décède en 1991, elle lui succède sans hésitation ni appréhension et sera elle-même élue et réélue dans le Calvados à partir de 1993.

Nicole Ameline n'a jamais fait aucun complexe d'infériorité et a toujours considéré que les femmes ne devaient pas se sous-estimer par rapport aux hommes, dans aucun domaine. À l'Assemblée nationale, elle n'a pas eu de problème d'autorité et a toujours été respectée. Elle a plutôt eu l'impression d'être «considérée comme un homme» parce qu'elle faisait partie de l'équipe, de «la meute». Il lui semble d'ailleurs qu'aujourd'hui le milieu politique n'est plus machiste comme auparavant: «C'était le dernier bastion, et sans doute l'un des plus difficiles à prendre.» En mai 1995, Nicole Ameline est nommée secrétaire d'État à la Décentralisation dans le premier gouvernement d'Alain Juppé. Avec douze autres femmes, ministres ou secrétaires d'État, les «juppettes», elle est démissionnée six mois plus tard. Pour sa part, elle n'a pas spécialement envisagé ce limogeage collectif comme une humiliation à l'égard des femmes politiques.

«Ma conviction, c'est que la politique, ce sont les honneurs et ce sont les risques. Il faut accepter les deux. Moi, je monte à cheval: je tombe, je remonte. Vous ne pouvez pas avoir l'honneur d'entrer dans un gouvernement en pensant d'ailleurs y rester toute votre vie. Vous êtes au service de la France, vous êtes au service d'une politique et il faut tout accepter. Ce remaniement a visé aussi beaucoup d'hommes. Il faut le dire parce qu'on les oublie toujours. » Sans être déstabilisée par cette éviction, elle réfléchit cependant à l'opportunité de poursuivre une carrière politique. Elle décide finalement que « ce seront les électeurs du Calvados qui motiveront [son] choix ». Elle se présente à eux dans sa circonscription de Honfleur, où elle est réélue en décembre 1995. D'après Nicole Ameline, le suffrage universel est une rencontre, « un supplément d'âme dans la vie politique » qui légitime toute vocation politique.

Quelques mois après la parution du « Manifeste des dix », rédigé par d'anciennes ministres de droite et de gauche qui contestent la position de subordonnée concédée aux femmes en politique, Nicole Ameline dépose avec Gilles de Robien une proposition de loi pour imposer un quota de 30 % de femmes sur les listes électorales. Elle est à ce moment-là vilipendée par ses propres amis lors des journées parlementaires de l'UDF, qui se tiennent à Deauville en septembre 1996. En 2000, elle soutient avec ferveur le texte de loi présenté devant les députés qui tend à favoriser l'égal accès des femmes et des hommes aux mandats électoraux et aux fonctions électives.

Sur ce sujet, Nicole Ameline considère que la solidarité féminine a été exemplaire et efficace. En 2002, elle est d'ailleurs nommée ministre déléguée à la Parité et à l'Égalité professionnelle. Il s'agissait dans un premier temps de se ressaisir de la loi Roudy de 1983 relative à l'égalité professionnelle, dont l'inefficacité – les mécanismes étaient fondés sur le volontariat – avait déjà été soulevée en 1989. La ministre ne se donne pas pour objectif de promulguer une nouvelle loi mais souhaite faire avancer l'égalité professionnelle en obtenant le consentement unanime des partenaires sociaux. Dans son optique, il ne s'agit plus seulement de renforcer la justice sociale mais aussi de convaincre le monde de l'entreprise que les talents et les compétences féminines sont nécessaires à sa revitalisation et sa modernisation. «Je ne souhaitais pas que les femmes soient poussées à des responsabilités à quelque niveau que ce soit parce qu'elles sont des femmes, mais parce qu'il fallait rattraper un retard. Je suis moins dans le rattrapage social que dans l'avancée moderne de l'économie. Cette vision m'a permis de faire passer les choses dans la réalité de manière positive et moins contraignante à l'égard, par exemple, du patronat.» Dans sa loi sur l'égalité salariale, Nicole Ameline souhaite également que les femmes ne soient pas pénalisées dans leur carrière et leur salaire lorsqu'elles reviennent de leur congé de maternité. Il s'agit également de cesser de les culpabiliser lorsqu'elles décident de poursuivre leur carrière professionnelle.

Comme Yvette Roudy, Nicole Ameline s'attaque aux représentations qui portent atteintes à la dignité des femmes. Là où la première ministre des Droits de la femme avait échoué face à l'opposition farouche du monde des médias et des publicitaires, Nicole Ameline réamorce, vingt ans plus tard, un processus législatif. Elle considère qu'il faut agir globalement sur les mentalités à travers l'école, l'éducation et la culture pour éradiquer les stéréotypes misogynes concernant les femmes et faire en sorte que le sexisme, comme le racisme, soit considéré comme une atteinte à l'intégrité et à la dignité humaine. Son ministère signe par exemple un accord avec le Bureau de vérification de la publicité pour obliger le monde des publicitaires à adopter une déontologie en la matière. Nicole Ameline fait également signer, par l'ensemble des ministres du gouvernement, une «charte de l'égalité» qui les incite à prendre des engagements dans leur propre secteur. Le ministre de la Justice fait par exemple adopter une instruction pénale pour renforcer considérablement les sanctions à l'encontre des violences conjugales, et le ministre des Sports décide de subventionner davantage les fédérations qui comptent en leur sein des femmes. Nicole Ameline, comme Roselyne Bachelot, tient le rôle de porte-drapeau du féminisme à droite, à l'UMP en particulier. La droite libérale, moins engagée sur ces questions d'égalité que la gauche, souhaite de toute évidence rattraper son retard. D'après elle, il y a eu de ce fait une vraie prise de conscience au sein du gouvernement et de la part de Jacques Chirac.

Si Nicole Ameline n'a pas un passé de militante, elle ne rejette pas cependant l'étiquette de féministe. D'ailleurs, elle n'apprécie guère les femmes qui disent: «Je ne suis pas féministe, mais...» Résolument optimiste, elle soutient que le temps des femmes est venu et que celles-ci doivent aujourd'hui être dans l'affirmation d'elles-mêmes. «L'idée qu'elles doivent absolument exister par les hommes est révolue. Il faut qu'elles se fassent confiance. J'observe encore que trop de femmes se définissent par rapport aux hommes, mais rarement pour ce qu'elles sont. Pour ma part, le vrai conseil que je leur donne, c'est d'être elles-mêmes et de considérer qu'elles sont légitimes partout où elles sont. Et que le pouvoir, c'est de l'autorité, c'est vouloir aller plus loin, c'est vouloir gagner. Ce n'est plus le devoir d'obéissance auquel, malheureusement, le Code Napoléon nous avait habituées, de la manière la plus illégitime qui soit. »

Somme toute, la politique est un « sport violent » et les femmes ne doivent pas aborder ce milieu sans se protéger. Mais elles n'y sont pas moins légitimes. D'après Nicole Ameline, il ne faut compter sur personne, être déterminée et ne pas s'imaginer que l'on va être ménagée ou davantage accompagnée parce qu'on est une femme. « L'affranchissement des femmes est dans la conscience de leur autonomie, mais aussi dans leur propre détermination. » La différence des sexes est une donnée unique pour faire avancer la démocratie : les femmes sont « cette moitié de l'humanité essentielle à la marche intelligente d'une société ». Les concitoyens en ont d'ailleurs largement conscience, contrairement aux politiques « qui sont peut-être les derniers à accepter cette nécessité ». À l'heure actuelle, la société française ne comprendrait pas que les femmes ne s'impliquent pas totalement dans la décision politique. Il ne s'agit pas d'une question de sexe mais de compétences. C'est pourquoi Nicole Ameline pense que les femmes ne doivent pas essayer de « jouer un rôle », ni se mettre dans les habits des uns ou des autres, mais « rester exactement ce qu'elles sont ».

Clémentine Autain

Née en 1973. Adjointe apparentée communiste à la mairie de Paris en charge de la jeunesse (2001-2008).

> « S'il y a peu de femmes en politique, c'est l'histoire, le manque de modèle, mais c'est aussi parce que nos vies quotidiennes sont beaucoup plus chargées que celles des hommes. »

Clémentine Autain appartient à la jeune génération de femmes politiques. Née en 1973 et issue d'un milieu artistique – son père est chanteur et sa mère actrice –, elle incarne une certaine autonomie en politique puisque, apparentée communiste, elle est adjointe à la jeunesse pour le maire socialiste de Paris de 2001 à 2008. À l'automne 2006, elle se déclare candidate à l'élection présidentielle pour porter les idées d'une gauche antilibérale, mais elle s'efface rapidement. Elle revendique haut et fort son féminisme et est à l'origine de l'association Mix-Cité qui se donne pour vocation de réactiver et réactualiser le combat pour l'égalité des sexes. De formation historienne, Clémentine Autain est titulaire d'un DEA sur l'histoire du Mouvement de libération des femmes (MLF).

Elle situe son entrée en politique vers l'âge de dix-huit ans, quand elle arrive à l'université Paris-VIII-Saint-Denis, université dont la tradition politique à gauche est très forte. Elle prend sa carte à l'Union des étudiants de France (UNEF) et à l'Union des étudiants communistes (UEC), où elle militera tranquillement, sans aucune responsabilité, pendant deux ou trois ans. À l'origine, c'est la question des inégalités sociales qui est au cœur de son engagement. Mais ces organisations étudiantes et politiques ne l'ont pas convaincue. Elle estime à l'époque qu'il y a « beaucoup d'apparatchiks » et qu'il n'y a pas suffisamment de démocratie. Elle revient à la politique un peu plus tard à travers ce que l'on appelle le « mouvement social » et la question des droits des femmes. C'est un viol qu'elle subit qui déclenche chez elle des interrogations sur la condition des femmes. Elle lit beaucoup et rencontre notamment le Collectif féministe contre le viol, animé par des féministes historiques, avec lesquelles les relations sont au début conflictuelles, parce que Clémentine Autain n'appréhende pas le féminisme comme une idéologie et ne fait pas le lien entre les violences faites aux femmes et le sexisme de manière plus générale. Cet engagement associatif devient toutefois une « révélation » pour elle : « Je fais partie d'une génération qui avait appris à l'école que l'égalité existe. J'ai grandi avec la pilule, j'ai grandi avec l'école mixte et donc dans un univers qui fait croire qu'il existe une certaine égalité entre les hommes et les femmes. C'est ma pratique personnelle, mon vécu qui m'a permis de voir la réalité de ces inégalités. » *Le Deuxième Sexe* de Simone de Beauvoir lui ouvre également les yeux concernant l'ampleur des inégalités entre les sexes. Le livre lui permet aussi d'acquérir des outils théoriques, de comprendre les mécanismes du sexisme. La « nouvelle convaincue » devient une féministe radicale, qui souhaite sensibiliser et mobiliser la jeune génération sur ces valeurs. Leur transmission lui paraît une évidence fondamentale. Pour elle comme pour nombre de féministes des années 1970, ce combat est politique et pas seulement un mouvement social. Elle entend la politique au sens large, tant il est vrai que les changements profonds de la société ne peuvent pas venir uniquement du cadre institutionnel : la mobilisation sociale et les débats publics sont nécessaires et permettent d'aller vers la transformation de la société.

Elle crée en 1997, avec des étudiants de sa génération, l'association Mix-Cité, pour repenser un certain nombre de questions concernant par exemple les inégalités en matière d'éducation et de formation, la construction des modèles de féminité et de masculinité. Cet espace de discussion et de militance mixte tisse des liens avec d'autres mouvements féministes, notamment le Collectif national pour le droit des femmes. L'association attire l'attention du public en s'opposant au défilé des mannequins en petite tenue dans les vitrines des Galeries Lafayette. Clémentine Autain se fait traiter de « mère la pudeur » ou de « Boutin de gauche », mais se défend en expliquant qu'elle est foncièrement opposée à la récupération de la sexualité libérée version 68 à des fins marchandes. Elle s'agrège ensuite à l'équipe d'animation de la fondation antilibérale Copernic, créée par le sociologue et historien Jacques Kergoat. Si elle se sent proche des communistes, elle n'a pas pour autant sa carte au parti: elle écrit une chronique dans *L'Humanité hebdo* à partir de 1999 et devient codirectrice du mensuel *Regards*. Par le biais de la fondation Copernic, elle fréquente les militants de la Ligue communiste révolutionnaire (LCR), certains socialistes, comme Jean-Luc Mélenchon, ou des Verts. Elle mène par exemple, avec Noël Mamère, une campagne remarquée en faveur du mariage des couples de même sexe.

C'est en 2006, au moment du référendum sur le traité établissant une Constitution pour l'Europe, qu'elle a pour la première fois le sentiment de participer à un collectif qui a une certaine cohérence politique, porteur de transformations sociales et pas simplement de contestations. Selon elle, la nébuleuse de gauche antilibérale n'arrive pas à fonder un tout, alors que ces cultures et ces sensibilités différentes pourraient s'entremêler pour produire du neuf, voire fonder une nouvelle force politique de gauche.

Lors des élections municipales de 2001, sur une idée des communistes, la jeune femme de vingt-huit ans représente la gauche dans le XVIIe arrondissement de Paris. La perspective de la bataille, au sein d'une jeune équipe, pour que Paris bascule à gauche l'enchante. Depuis lors, elle prend d'ailleurs beaucoup de plaisir à être en campagne électorale, «parce que c'est un moment de débats politiques intenses, un moment de rencontres et d'ébullition permanente». Lors de cette campagne municipale, son adversaire est une femme politique aguerrie: la chiraquienne Françoise de Panafieu. Clémentine

Autain se souvient que la première dépêche AFP intitula le duel « Bataille de yeux bleus » ! La jeune femme trouve alors pénible le fait d'être en permanence ramenée à son apparence physique. « Ce sont les médias qui quêtent et diffusent de telles représentations dont l'opinion publique est friande. C'est un problème collectif. » Elle tient toutefois à préciser qu'être une féministe en politique protège un peu du sexisme ordinaire : « Cela implique une certaine retenue chez les hommes qui se disent : "Si je dis un mot de travers, elle va m'étriper." » Elle trouve également pesant cet univers où il n'y a pratiquement que des hommes qui ont cinquante ans ou plus : « Cela entraîne un double rapport de domination qui est à la fois lié au sexe et à l'âge. » Quant à la prise de parole, elle admet qu'elle est d'autant plus difficile quand on est une femme « parce que dès que l'une d'elles s'exprime, le niveau du brouhaha augmente ». Toutes les formes de la politique ont été pensées par et pour les hommes. Dans les meetings, il faut haranguer la foule, avoir une voix qui porte et une gestuelle un peu théâtrale, et les femmes ne sont pas forcément à l'aise dans ce genre d'exercice. Dans les réunions ou les assemblées composées essentiellement d'hommes, « il est difficile de s'exprimer lorsque l'on se sent minoritaire ».

Concernant la loi sur la parité et son inscription dans la Constitution, Clémentine Autain n'y était pas favorable au départ parce qu'elle considérait, d'une part, qu'une loi contre le cumul des mandats et en faveur de la proportionnelle devait suffire et que, d'autre part, de telles dispositions risquaient d'encourager les « discours différentialistes». Malgré la lente féminisation des bancs de l'Assemblée nationale, il lui semble que la situation change, notamment parce que le débat a été posé publiquement, mais, dit-elle, «il reste du travail à faire, et pas seulement en ce qui concerne les femmes politiques.» D'ailleurs cette question n'était pas prioritaire lorsqu'elle dirigeait Mix-Cité. À l'époque, l'association concentrait ses actions et ses réflexions sur les emplois précaires et les temps partiels proposés aux femmes, le manque de places en crèche ou l'inégale répartition des tâches ménagères au sein du couple. Clémentine Autain demeure frappée par le fait que, aujourd'hui, beaucoup de femmes politiques, quand elles parlent des droits des femmes, abordent la question de la parité en politique sans faire le lien avec ces problèmes du quotidien.

Pour cette ardente défenseuse de l'articulation entre réformes et révolution, le féminisme est un «exemple incroyable d'alliance entre une ambition révolutionnaire, qui est la transformation des rapports entre les hommes et les femmes, et en même temps une succession de réformes qui ont conduit à un bouleversement total des rapports entre les genres». Cependant, il n'est toujours pas aisé d'imposer une vision féministe de l'histoire et de la société, et de l'articuler de manière systématique aux divers projets politiques.

Huguette Bouchardeau

Née en 1935. Secrétaire générale du Parti socialiste unifié (PSU) de 1979 à 1981 et candidate à l'élection présidentielle de 1981. Secrétaire d'État puis ministre de l'Environnement (1981-1986). Députée du Doubs (1986-1993). Maire d'Aigues-Vives (1995-2001).

« Quand un parti est confié à une femme, c'est qu'il y a du malheur pour lui... »

Huguette Bouchardeau est issue d'un milieu ouvrier de Saint-Étienne et bénéficie d'une éducation religieuse stricte et puritaine, réservée habituellement à la bourgeoisie stéphanoise. Son père préfère l'envoyer suivre sa scolarité dans un pensionnat religieux sur les conseils de son patron, qui obtient une aide financière pour qu'il n'ait rien à débourser. Elle fréquente donc, durant son adolescence, les filles de notaires et d'ingénieurs des mines de la région.

Après le baccalauréat, Huguette Bouchardeau rejoint l'université de Lyon pour suivre un cursus de philosophie. Comme elle doit financer ses études, elle obtient un poste d'enseignante au pair dans un collège. À l'université, elle rencontre les militants de l'Union des étudiants de France

(UNEF) au sein de l'amicale des lettres et prend des responsabilités syndicales. Elle devient secrétaire générale de l'AG de Lyon puis présidente des étudiants en lettres pour la France. Durant sa vie universitaire, Huguette Bouchardeau a l'impression de « rencontrer le monde » et l'activité militante est pour elle « une ouverture et une grande joie ». La particularité de l'assemblée générale de Lyon à l'époque est d'être à la fois militante et gestionnaire. Le mouvement gère des foyers et des restaurants d'étudiants ou s'implique dans la mutuelle. Huguette Bouchardeau se souvient que, au moment où les étudiants en lettres décident de soutenir sa candidature comme présidente de l'AG, les opposants se servent d'arguments sexistes pour la discréditer : « Elle va pleurer quand il y aura des conflits », ou encore : « On ne pourra plus se taper sur le ventre et on ne pourra plus échanger des blagues paillardes. » Ses camarades masculins trouvent plutôt saugrenu qu'une femme soit à la tête d'un mouvement important comme celui de Lyon.

À vingt ans, elle se marie et a son premier enfant à vingt et un ans. Elle considère que cette maternité lui a permis de reprendre sérieusement ses études au lieu de passer son temps à militer. « Quand je me suis vue enceinte, je me suis dit : “Ça y est, tu es fichue, tu vas refaire comme ta mère, tu vas te taper des gosses et puis tu ne pourras pas terminer tes études.” Il n'y avait pas de contraception à l'époque, pas du tout, donc on se débrouillait comme on pouvait. » Elle arrive à travailler suffisamment pour passer l'agrégation de philosophie, qu'elle obtient après la naissance de son deuxième enfant.

« Je ne supportais pas d'être arrêtée par une difficulté. C'est une question de caractère. Donc, il fallait toujours que je tire parti de la situation. D'ailleurs, c'est une chose que j'ai souvent dite à des femmes plus jeunes : il faut absolument, quand vous sentez que vous êtes mises en cause pour une infériorité quelconque, faire de cette infériorité une raison d'être supérieure. »

La guerre d'Algérie marque le tournant de son engagement syndical puis politique. Elle s'implique à l'UNEF durant les années 1955-1956 puis adhère au Mouvement de libération des peuples (MLP), l'un des groupes fondateurs du Parti socialiste unifié (PSU), créé en avril 1960. À ses débuts, l'organisation apparaît comme un groupe d'action pour la paix en Algérie. Huguette Bouchardeau se définit comme une militante de base du PSU. Elle ne fréquente pas encore la direction parisienne, composée de Gilles Martinet, Claude Bourdet, Édouard Depreux et Jean Poperen, à laquelle va s'ajouter Michel Rocard. Car elle ne vit pas à Paris, souhaite privilégier l'action associative et syndicale. Elle assume des responsabilités au sein de la Fédération de l'éducation nationale (FEN), du Syndicat national des enseignants de second degré (SNES) et apprécie que le PSU ne soit pas encore un parti trop préoccupé par des stratégies politiciennes : « Le PSU était alors un parti de lutte, pas un parti de conquête du pouvoir. »

Au moment de Mai 68, elle réside à nouveau à Saint-Étienne et s'implique dans le mouvement. « L'agitation dans les lycées et les universités, on l'encourageait terriblement. Pour moi, Mai 68 représente un moment de liberté : liberté de parler, de dénoncer certaines scléroses et étroitesses d'esprit. En revanche, quand on a commencé à parler des maos, des trotskistes de telle ou telle tendance, il fallait presque faire une fiche pour chacun de ces groupes. Là, je ne comprenais rien parce que cela n'avait aucune réalité dans une ville moyenne comme Saint-Étienne. » À partir de ce moment, le PSU est devenu un parti d'une extrême complexité, avec de multiples tendances et motions. Il y avait « beaucoup de verbiage idéologique incompréhensible », selon Huguette Bouchardeau. L'organisation a aussi commencé à décliner lorsque François Mitterrand a pris en main l'avenir des socialistes, réunis à l'époque au sein de la Section française de l'Internationale ouvrière (SFIO), pour construire, à partir du congrès d'Épinay en 1971, son projet de rénovation du Parti socialiste (PS).

À Saint-Étienne, Huguette Bouchardeau est promue secrétaire fédérale du PSU de la Loire et devient responsable du secteur femmes. Elle appartient désormais au bureau national. Peu de temps après cette prise de fonction, le Mouvement de libération des femmes (MLF) agite la société. Or, les militantes qui, comme elle, ont participé activement à Mai 68 sont amères, parce que le mouvement n'a pas fait avancé d'un pouce la libération des femmes : « Elles faisaient le café pour leurs camarades masculins qui étaient extrêmement machos. »

Huguette Bouchardeau s'engage également en faveur de la liberté de la contraception et de l'avortement. Elle met sur pied le Groupe pour la liberté de l'avortement et de la contraception de Saint-Étienne (GLACS), proche du Mouvement pour la liberté de l'avortement et de la contraception (MLAC), créé en 1973. Le GLACS est autonome et pratique des avortements illégaux avec des médecins. Huguette Bouchardeau tient même une conférence de presse pour annoncer l'ouverture de ce centre. À la suite de cette déclaration, alors qu'elle se rend sur place le lendemain pour évaluer l'importance de la demande des femmes, elle est surprise de trouver une longue file d'attente dans la rue. Des femmes arrivent de partout avec des valises, parce qu'elles pensent que les avortements pratiqués le sont en toute légalité. Rapidement, le centre est débordé et ne peut plus répondre à la demande d'avortements. Comme les autres groupes militant en faveur de la libération de l'avortement, le GLACS organise des voyages en car pour la Hollande et l'Angleterre, où l'avortement est libre et pratiqué dans certains hôpitaux.

D'après ses souvenirs, beaucoup de femmes du PSU militaient au sein du secteur femmes et, étant donnée la nature de ce parti, c'est-à-dire peu engagé dans la conquête de postes politiques, il était relativement facile d'obtenir la parité absolue lors des élections. « Cela n'engageait personne, cela ne gênait personne, dans la mesure où personne ne serait élu ! Les hommes deviennent durs lorsque l'accession des femmes aux responsabilités menace leurs postes, quand il y a un véritable enjeu au niveau du pouvoir. »

En 1979, Huguette Bouchardeau devient secrétaire nationale du PSU. Elle ne se fait aucune illusion sur l'enjeu d'une telle promotion et déclare, au cours d'une interview, que si une femme dirige ce parti, c'est parce que « celui-ci est en plein déclin ». Au bureau national, on souhaite la voir se présenter à la prochaine élection présidentielle, prévue deux ans plus tard, en 1981. Elle vit mal le décalage entre ses responsabilités à la direction du parti et la non-reconnaissance de son travail par les médias et l'opinion publique : « J'étais la secrétaire nationale, absolument reconnue, mais en même temps, on pensait que ce n'était pas moi qui faisais la doctrine. » Est-ce parce qu'elle n'a fait ni l'ENA ni Sciences Po ? Huguette Bourchardeau, qui est agrégée de philosophie et docteure en sciences de l'éducation, admet qu'elle éprouvait certains complexes à l'égard du groupe mené par Michel Rocard, habitué à théoriser et à élaborer des doctrines économiques. Elle a le sentiment qu'on la considérait avant tout comme une porte-parole qui ne devait pas se préoccuper de la doctrine. Elle écrira d'ailleurs un ouvrage à ce propos, intitulé *Un coin dans leur monde* (1980). « Je me souviens qu'un jour, lors d'une émission télévisée animée par Jean-Pierre Elkabbach, ce dernier me dit après la diffusion : "Vous ne devriez pas dire : au PSU, nous disons que… Parlez en votre nom. Dites : je pense que…" Cela m'avait un petit peu sidérée. Je n'avais pas élaboré tout ça dans ma tête, et je trouvais sain de dire qu'il s'agissait d'une réflexion collective. »

Lors de l'élection présidentielle de 1981, Huguette Bouchardeau est la candidate du PSU. Deux autres femmes se présentent alors : il s'agit de Marie-France Garaud à droite et d'Arlette Laguiller pour Lutte ouvrière (LO). Le PSU est un petit parti, qui jouit toutefois d'un certain prestige. En 1977, le collectif a publié *L'Utopie réaliste. Une autre logique économique pour la gauche* qui suscite un intérêt certain au sein de la gauche et de la classe politique dans son ensemble. La candidate obtient 1,1 % des voix. Peu importe, Huguette Bouchardeau n'a pas l'intention de «faire carrière» et l'assume pleinement. «Cela a toujours été un peu un repoussoir en politique, d'autant que le PSU reste méfiant à l'égard du pouvoir, préférant rester à une distance critique.»

Nommée au gouvernement par le fait du prince en 1983, Huguette Bouchardeau n'a pas de mandat électif lorsqu'elle est appelée à occuper les fonctions de secrétaire d'État à l'Environnement dans le troisième gouvernement Mauroy, puis de ministre de l'Environnement dans le gouvernement Fabius de 1984. Elle arrive en politique par le sommet et est recrutée parce qu'elle représente l'écologie avant l'heure. À l'inverse de beaucoup de ses consœurs, elle n'a pas rencontré de difficulté pour se faire entendre au sein d'assemblées masculines, comme le Conseil des ministres ou l'Assemblée nationale: «Peut-être parce que certains se disaient: "Pour une femme, elle se débrouille pas mal!"» En revanche, elle se souvient que, pour ses camarades féminines qui souhaitaient obtenir une circonscription, c'était difficile. «Comme il y avait un homme à ce poste, cela signifiait qu'on lui prenait sa place et les postes sont chers en politique.»

Huguette Bouchardeau fait partie de ces femmes qui conteste le rôle qu'on leur fait jouer en politique. Elle soutient Françoise Gaspard lorsque celle-ci fonde un courant «femmes autonomes» au PS en 1978. Les animatrices de ce mouvement, qui veulent imposer des quotas de femmes, voire la parité, soutiennent que la présence des femmes en politique peut la transformer. Après 1986, Huguette Bouchardeau assiste à des réunions sur la parité animées, entre autres, par Yvette Roudy, Françoise Gaspard ou Edwige Avice, et considère que, si la loi paritaire de 2000 était presque un peu humiliante pour les femmes, elle s'est révélée somme toute nécessaire.

En ce sens, les commissions ou les regroupements informels de femmes sont importants, puisque ce sont dans ces lieux que les principes de quotas ou de parité ont été élaborés puis imposés à la classe politique par les féministes. Par la suite, certaines femmes de droite ont subi quelques avanies et beaucoup d'entre elles – mais pas toutes – ont désormais les mêmes convictions que les femmes de gauche dans ce domaine. Huguette Bouchardeau songe par exemple à Roselyne Bachelot, avec qui elle s'est retrouvée lors de réunions ou colloques sur la parité. Elle regrette toutefois que, depuis une vingtaine d'années, la question de la féminisation du pouvoir soit devenue la revendication majeure, voire la seule revendication. Celles qui obtiennent les postes convoités ont souvent tendance à cesser de se mobiliser pour faire progresser l'égalité entre les sexes. «La lutte pour le pouvoir politique des femmes est donc très importante mais reste insuffisante.» Les femmes politiques «ne sont pas assez féministes» ou ont des comportements semblables à ceux de leurs collègues masculins une fois au pouvoir. D'après Huguette Bouchardeau, la candidature de Ségolène Royal à la présidence de la République en 2007 aurait d'ailleurs constitué « une sorte de retour en arrière parce que ce sont les valeurs de la féminité traditionnelle qui ont finalement largement triomphé ». La question de l'apparence et de la séduction resterait toujours un enjeu trop important dans le cas des femmes politiques. Elle-même se souvient que, lorsqu'elle est entrée au gouvernement, elle faisait très attention à sa coiffure et à ses tenues, parce qu'elle savait que l'on juge toujours les femmes sur leur physique et non sur leurs compétences. Ces contraintes vestimentaires l'ont toujours agacée et elle militerait presque pour le port d'un « uniforme de femmes gouvernantes ».

En 1986, en fin de mandat ministériel, il lui est vivement recommandé, comme à tous les ministres sortants, de trouver un poste de députée à l'Assemblée nationale. Huguette Bouchardeau, après avoir été « baladée », se trouve finalement candidate dans le Doubs, où elle est élue. Son travail de députée apparentée PS la passionne beaucoup moins que celui effectué au gouvernement. Elle trouve que, dans l'ensemble, « c'est toujours le parti qui décide en dernier recours ».

Pour elle, faire de la politique, « c'est simplement s'intéresser à autre chose qu'à sa petite vie personnelle et s'apercevoir que même sa vie personnelle est guidée par le monde qui nous entoure. C'est faire tout son possible pour vivre mieux en commun ». L'entrée massive des femmes en politique peut d'ailleurs modifier certaines pratiques du pouvoir. Parce que, culturellement, les femmes sont davantage impliquées dans le quotidien et l'éducation des enfants, elles ont peut-être une autre vision de la politique et sont moins prêtes à tout sacrifier pour faire carrière: « Elles ont l'impression que leur vie n'est pas tout entière là-dedans et je crois qu'elles ont raison. Il est donc souhaitable que ce modèle-là devienne un modèle de société et non pas seulement un modèle pour les femmes. »

Édith Cresson

Née en 1934. Maire socialiste de Thuré (1977). Membre du Parlement européen (1979-1981). Maire de Châtellerault (1983-1997). Ministre à plusieurs reprises, de 1981 à 1990 (Agriculture, Commerce extérieur et Tourisme, Redéploiement industriel et Commerce extérieur, Affaires européennes). Députée de la Vienne (1981-1988). Première Ministre (1991-1992). Commissaire européenne, chargée de la science, de la recherche et du développement (1995-1999).

> « La caste politique est extrêmement misogyne parce qu'elle est fermée. D'ailleurs, toute catégorie en France qui détient quelque chose dont elle a le monopole reste fermée. »

Très jeune, Édith Cresson s'intéresse à la politique, mais elle y entre un peu par hasard, par le biais d'une ancienne camarade d'HEC dont le père connaissait bien François Mitterrand. Édith Cresson a alors achevé ses études. Elle est mariée et mère de deux enfants lorsque son amie lui propose de venir aider le petit groupe qui appuie François Mitterrand lors de l'élection présidentielle de 1965. Le candidat de la Convention des institutions républicaines (CIR) n'a certes aucune chance d'être élu contre le général de Gaulle, mais cette campagne de témoignage remporte un succès inattendu, puisque François Mitterrand bénéficie du soutien de la Section française de l'Internationale ouvrière (SFIO), du Parti socialiste unifié (PSU) et du Parti communiste français (PCF). Après la campagne, Édith Cresson retourne à ses occupations et adhère à la CIR quelques temps plus tard. Parce qu'elle a soutenu une thèse de doctorat en démographie en 1962 sur les femmes d'un canton rural de Loire-Atlantique, on lui confie les dossiers agricoles. Un secteur qui, selon Édith Cresson, n'intéressait guère la gauche à l'époque. Elle n'assiste pas au congrès d'Épinay de 1971, qui consacre l'arrivée de François Mitterrand à la tête des socialistes, mais entre, en 1974, au secrétariat national du parti, où elle est chargée du secteur de la jeunesse et des étudiants. À l'inverse d'Yvette Roudy, Édith Cresson n'a pas alors le sentiment que les femmes sont tenues à l'ecart des postes de direction dans le parti. À la future ministre des Droits de la femme, qui l'interpelle à ce sujet, elle se souvient avoir répondu : « On fait des études, on a un métier, on fait exactement la même chose que les hommes, où est le problème ? »

Édith Cresson cumule vie professionnelle, vie de famille et vie militante, à laquelle elle consacre de plus en plus de temps. Son engagement devient déterminant lorsqu'elle est envoyée à Châtellerault pour essayer de remporter des élections partielles. La circonscription semble imprenable et c'est « la raison pour laquelle personne, parmi les hommes, ne souhaitait y aller ». Elle décide cependant de tenter sa chance et de se former, à l'occasion de cette première campagne qui retient l'attention de la presse. La candidate socialiste obtient un score tout à fait honorable et décide de s'ancrer dans la région, suivant en cela les conseils de François Mitterrand: «C'est un travail de longue haleine, il faut avoir des racines quelque part.» En 1981, elle devient députée de la circonscription.

À l'époque, Édith Cresson n'est pas favorable à la mise en place de mesures de discrimination positive pour permettre aux militantes d'accéder à des fonctions politiques importantes, dans ou à l'extérieur du parti. Elle considère les quotas un peu humiliants pour les femmes. Depuis, elle a changé d'avis et soutient que ce genre de mesures s'est révélé totalement nécessaire. Elle a fait partie des initiatrices du «Manifeste des dix», signé en juin 1996 par d'anciennes ministres de gauche et de droite pour interpeller et obliger les partis à agir sur cette question. «Nous avons fondé un collectif de femmes puisque le but était commun. C'était une caractéristique qui n'est propre ni à la gauche ni à la droite, mais qui se trouve largement partagée : les directions des partis sont extrêmement fermées.»

Malgré la loi de 2000 sur la parité, Édith Cresson déplore que les organisations politiques préfèrent payer des amendes plutôt que de respecter le quota de femmes candidates sur les listes. De plus, «le problème est loin d'être résolu puisqu'on continue de présenter les femmes dans des circonscriptions "imprenables" et souvent éloignées du microcosme parisien où se concertent les états-majors et s'élabore l'opinion». D'après Édith Cresson, «les femmes sont donc désavantagées mais acquièrent cependant une meilleure pratique du terrain». Qui plus est, elles seraient moins sensibles aux signes extérieurs du pouvoir et ont «davantage une culture du résultat». Comme beaucoup de femmes politiques, elle est convaincue que ce ne sont pas les électeurs qui sont hostiles aux candidatures féminines: «Bien au contraire, ils ont le sentiment que les femmes sont plus sérieuses.» Lors de ses propres campagnes électorales, elle n'a jamais ressenti de problèmes liés au fait qu'elle était une femme. Mais, selon elle, la seule façon pour que les femmes entrent enfin de manière significative à l'Assemblée et au Sénat consisterait à instaurer une part de proportionnelle dans les scrutins.

Lorsque François Mitterrand lui propose le ministère de l'Agriculture en 1981, elle accepte, tout en sachant que ses interlocuteurs, les agriculteurs, «sont très machos». Elle aura effectivement à subir le sexisme du milieu. Mais c'est surtout lorsqu'elle devient Première ministre en 1991 qu'elle est maltraitée et doit affronter la misogynie du monde politique et des médias. François Mitterrand se veut un modernisateur de la vie politique et nomme, pour la première fois, une femme à Matignon. Il veut rompre avec les habitudes pour renouer le contact avec le peuple, d'autant que celui-ci commence à se montrer de plus en plus favorable à la féminisation du pouvoir et des institutions politiques. Cependant, dès son arrivée à la tête du gouvernement, Édith Cresson est considérée comme illégitime, alors qu'elle a occupé les fonctions de ministre de l'Agriculture, du Commerce extérieur, du Redéploiement industriel, de députée européenne et de maire. Sa popularité est sapée et ses compétences dénigrées au sein même de son gouvernement. Car elle est la « Pompadour », la favorite, l'égérie, et elle ne devrait sa place qu'à des « complaisances sexuelles ». Dans le même temps, elle est virilisée : « Elle en a », elle est « la combattante » ou « le bon petit soldat » de François Mitterrand. Dans l'émission télévisée satirique du *Bébête show*, elle est d'ailleurs représentée comme une panthère surnommée « Amabotte ». À maintes reprises, elle s'est donc trouvée confrontée à des situations de violences sexistes.

« Il faut imaginer ce qu'est l'Assemblée nationale, surtout après le déjeuner quand ils ont bu un coup. Ils hurlent littéralement. Ils crient "à poil" quand on monte à la tribune. Vous avez aussi les commentateurs qui expliquent que vous portez un bijou qui est "comme ci et comme ça", que votre bouche a telle forme, que vous êtes coiffée de telle manière. C'est littéralement hallucinant. On ne parle pas du tout de la même manière d'une femme ou d'un homme, surtout quand cette femme a un poste important. Si elle est secrétaire d'État aux Personnes âgées, personne ne va s'occuper de décrire son apparence physique. Plus la fonction est considérée comme élevée, plus l'apparence physique prend de l'importance et oblitère tout le reste de ce qu'elle fait, de ce qu'elle dit. Et soi-même, on finit par s'attacher à ces signes-là. On s'attache à sa voix par exemple. On a trouvé que j'avais une voix trop haut perchée. Mais je me suis rendue compte que les micros de l'Assemblée étaient réglés uniquement pour des hommes ! Et quand j'ai demandé à ce que l'on modifie un petit peu le micro, certains ont répondu : "Elle dépense l'argent de la République pour aménager le micro à sa manière." Et c'était cela de toutes parts, du matin jusqu'au soir. Quand je sortais de ma voiture, les photographes étaient couchés par terre pour photographier mes jambes. Lorsque vous êtes dans ce contexte-là, une part importante de votre énergie est mobilisée pour essayer de déceler ce qui va vous arriver, ce qu'il y a derrière le langage que l'on vous tient, ce qui est en train de se fomenter, quelles sont les attaques qui vont venir. Et la presse, malheureusement, propose un relais absolument formidable à ce petit jeu tout de même très misogyne. »

Pour Édith Cresson, c'est à n'en pas douter le sommet de la hiérarchie du milieu politique qui limite l'entrée des femmes en politique, comme si, à partir d'un certain niveau, seuls des hommes pouvaient assumer des responsabilités. Aujourd'hui, « la situation a un peu changé, mais les hommes politiques aiment encore à dire "il en faut", en parlant des femmes ».

Marcelle Devaud

Née en 1908. Sénatrice du Parti républicain de la liberté (PRL) de la Seine (1946-1958). Vice-présidente du Conseil de la République (1948-1952). Députée UNR (Union pour la nouvelle République) de la Seine (1958-1962) et maire de Colombes (1959-1965). Membre du Conseil économique et social (1962-1979). Représentante de la France à la commission de la femme aux Nations unies (1975-1983). Marcelle Devaud a eu cent ans le 7 janvier 2008.

> « La résistance masculine a toujours été très vive et ne croyez pas qu'elle l'est moins maintenant, en dépit des apparences. Il y a des textes de loi qui contraignent à la parité, mais si les hommes s'inclinent, ce n'est pas de gaieté de cœur. L'attitude que le Parti socialiste a eu vis-à-vis de Ségolène Royal nous en donne une image, car elle a été torpillée davantage par ses amis que par ses adversaires. »

L'itinéraire politique de Marcelle Devaud est assurément exceptionnel. De 1946 aux années 1980, elle cumule de multiples mandats politiques avec des responsabilités au sein d'associations féminines qu'elle a pour la plupart créées. La jeune femme assiste son mari, député de Constantine, avant que les Françaises ne disposent du droit de vote et d'éligibilité. Elle fait partie des « vraies féministes d'avant 1970» qui militent pour faire avancer la cause des femmes.

Marcelle Devaud passe son enfance dans l'Algérie coloniale du début du XXe siècle. Elle poursuit de brillantes études de lettres à Constantine, puis à la faculté des lettres de Grenoble. Marcelle Gougenheim épouse Stanislas Devaud, professeur agrégé de philosophie élu parlementaire en 1936, et devient son attachée parlementaire avant même que la fonction existe. Elle acquiert alors une connaissance certaine des milieux parlementaires et du travail qui s'y fait. En 1940, le couple regagne la France pour s'installer à Clermont-Ferrand, puis à Paris en 1943. Engagés dans la Résistance, Stanislas et Marcelle Devaud aident des résistants, des juifs ou des réfractaires au service du travail obligatoire (STO) à échapper aux recherches policières. Positionnée à droite de l'échiquier politique, Marcelle Devaud est sollicitée à la Libération par le Parti républicain de la liberté (PRL) – lequel rejoindra le Rassemblement du peuple français (RPF) de De Gaulle en 1951 – pour exercer une action politique et réfléchir à la mise en place de la loi électorale. Depuis l'ordonnance gaullienne de 1944 sur le vote et l'éligibilité des femmes, cette pionnière peut devenir une élue de la République. Certains candidats l'auraient volontiers présentée à l'Assemblée nationale, mais le député tête de liste du XVIIe arrondissement de Paris la refuse sous prétexte qu'elle est une femme. Marcelle Devaud reste donc sur le carreau, mais elle est élue peu de temps après, en 1946, au Conseil de la République, qui était le nouveau nom du Sénat. Elle se réjouit encore d'être entrée dans

« la maison qui avait été la plus opposée à la présence des femmes en politique » et va y exercer des responsabilités importantes, puisqu'elle en devient, en 1948, vice-présidente. Elle tient à faire remarquer que, en tant que vice-présidente du Sénat, elle participait à la préparation du budget de la France « alors qu'elle n'avait pas le droit de gérer celui de sa propre famille ». Marcelle Devaud se souvient des premières femmes élues à ses côtés, pour la plupart des résistantes et/ou des veuves de résistants, comme la socialiste Gilberte Brossolette, la communiste Marie-Claude Vaillant-Couturier et la radicale Jacqueline Thome-Patenôtre.

Au sortir de la guerre, il n'y avait pas, selon Marcelle Devaud, un grand amour des élues féminines, mais les hommes étaient en général respectueux. Encore sous le choc du régime de Vichy et pas vraiment disposés à reprendre en main les affaires publiques, ils vont une dizaine d'années plus tard, « reprendre du poil de la bête ». À partir de cette période, il devient difficile pour les femmes de se faire accepter comme candidates. Marcelle Devaud parle en connaissance de cause puisque, au milieu des années 1950, le secrétaire général du RPF décide de la placer en dixième position sur la liste des candidats aux sénatoriales. Au regard du travail exemplaire effectué par Marcelle Devaud, le général de Gaulle intervient à la demande de celle-ci. Elle se retrouve alors troisième sur la liste présidée par Pierre de Gaulle, sénateur de Paris, et est élue. Cet épisode montre combien il est important d'être soutenue par un homme de pouvoir lorsqu'on est une femme désireuse de poursuivre sa carrière politique après les années 1950. Aujourd'hui encore, malgré la loi sur la parité, le parrainage masculin semble primordial. Marcelle Devaud cite l'exemple de la gaulliste Irène de Lipkowski, à qui l'on confie en 1958 une circonscription de la Seine, très difficile à emporter, en lui imposant, qui plus est, la concurrence d'un candidat UNR (Union pour la nouvelle République). Comme prévu, elle échoue et est envoyée en Charente-Maritime pour être candidate au poste de maire de Marennes. L'élue doit alors faire en permanence des allers-retours entre Paris et sa commune. Selon Marcelle Devaud, une femme comme Monique Pelletier a elle aussi eu un parcours semé d'embûches parce que son parti ne l'a pas aidée. « À l'heure actuelle, on donne de temps en temps aux femmes une bonne circonscription, mais on s'arrange quand même pour leur confier des circonscriptions dont les hommes ne veulent pas. La parité, c'est souvent cela. Ce sont les mauvaises circonscriptions pour les femmes, les bonnes pour les hommes. » Par ailleurs, remarque Marcelle Devaud, les femmes ont souvent en charge les domaines du social et de la famille, qui échappent à la grande politique. Les commissions des affaires étrangères ou celles des finances ne leur sont que très rarement confiées.

Lors des sénatoriales de 1958, Marcelle Devaud ne sera pas soutenue comme précédemment. Elle est placée en quatrième position sur la liste d'appel à un gouvernement de salut public présidé par le général de Gaulle. Présentée par les Républicains sociaux, cette liste n'obtient que trois des vingt sièges à pourvoir. Sa fonction de sénatrice est en fait convoitée par un autre. Elle est battue, mais ne se décourage pas puisqu'elle se présente à l'Assemblée nationale dans la circonscription communiste de Colombes-Gennevilliers. De la part de l'UNR, ce parachutage n'est pas un cadeau. Contre toute attente, Marcelle Devaud est pourtant élue députée et, en 1959, maire de Colombes.

Très opposée au cumul des mandats, elle accepte cependant de prendre en charge ces deux fonctions durant une législature. Elle devient ainsi l'une des premières femmes maire d'une ville importante, puisque Colombes compte à l'époque environ 80 000 habitants. Ce travail au niveau local l'a beaucoup intéressée, même s'il fut extrêmement prenant, parce que la mairie la réclamait à temps plein – d'autant qu'au moment de la guerre d'Algérie, des rixes et des attentats survenaient presque chaque nuit. De plus, après la Seconde Guerre mondiale, comme dans de nombreuses communes, beaucoup d'équipements manquaient à Colombes, notamment des logements. Il y avait un bidonville de part et d'autre de la cité, un du côté de Nanterre, un du côté de Gennevilliers, et il a fallu construire des HLM au plus vite, des écoles, un lycée, une maison des jeunes, une piscine, une patinoire, etc. Marcelle Devaud s'investit beaucoup dans sa ville, mais admet qu'il fut extrêmement difficile de mener de front une politique locale et une politique nationale, d'être sur le terrain à Colombes et de devoir en même temps se déplacer à l'étranger et en province.

Dans toutes ces assemblées masculines, Marcelle Devaud ne se souvient pas avoir eu de problèmes d'autorité. Elle dit avoir été critiquée, comme le sont tous ses collègues en politique, mais elle a bénéficié d'un certain charisme. Elle connaissait parfaitement ses dossiers et avait la réputation de beaucoup travailler. «Je crois que beaucoup de femmes sont dans mon cas. Elles donnent dans les assemblées où elles se trouvent l'exemple d'un travail consciencieux et sérieux. Il leur faut travailler davantage, et s'efforcer d'être les meilleures, toujours viser plus haut, ne pas céder de terrain.»

Marcelle Devaud se dit féministe dans la mesure où il s'agit de défendre l'égalité entière des droits. Elle s'engage sur cette question à une époque où, depuis l'obtention des droits civiques pour les femmes, on considère que l'égalité est acquise. Si elle est plutôt choquée par les pratiques et les discours radicaux du MLF, elle déclare toutefois aux états généraux de la femme en novembre 1970: «S'il y a quelque chose à réformer, c'est plutôt la politique que les femmes.» Aujourd'hui, elle recommande aux femmes de rester vigilantes, car certains acquis demeurent fragiles. Alliée incontournable de nombreuses réformes législatives concernant les femmes – les allocations familiales, le régime matrimonial, la contraception –, Marcelle Devaud se bat pour faire avancer la cause des femmes à travers un double engagement associatif et politique. À l'Assemblée nationale, elle milite par exemple pour qu'une loi permette aux femmes mariées de travailler de leur plein chef, sans l'autorisation de leur mari, ou pour que l'égalité entre le père et la mère, au niveau de l'autorité parentale et en ce qui concerne l'administration des biens, soit redéfinie. Il s'agit à chaque fois de restreindre les pouvoirs trop considérables de l'époux pour que les femmes puissent acquérir davantage d'autonomie.

Dès la Libération, elle fonde, avec Irène de Lipkowski, une association, les Françaises libres (FL), dont l'objectif est de rassembler les femmes modérées afin de ne pas laisser le terrain libre à la puissante Union des femmes françaises (UFF) d'obédience communiste. Par la suite, elle crée le Comité de liaison des associations féminines (CLAF) pour unir les différentes forces militantes non communistes. Depuis le début des années 1950, les deux responsables du CLAF, Irène de Lipkowski et Marcelle Devaud, poussent les ministres du Travail successifs à mettre en place un organisme chargé de centraliser les études et la législation sur le travail des femmes. Cette revendication aboutit en 1965, lorsque le Comité d'étude et de liaison des problèmes du travail féminin est créé. L'organisme, présidé par Marcelle Devaud, donne une large place aux associations féminines, aux côtés des syndicats et des mouvements familiaux. Ce comité, qui n'a qu'un rôle consultatif, effectue un lourd travail de préparation des dossiers et institutionnalise un lien direct entre l'administration publique et les différents mouvements féminins. La même année, Marcelle Devaud adhère au Centre féminin d'études et d'informations, ouvert par les gaullistes dans le but de promouvoir la participation des femmes à la vie politique en leur proposant d'assister à des cours et à des conférences.

Marcelle Devaud se souvient en particulier de la question de l'égalité des salaires. La seule référence existant en la matière était l'article 119 du traité de Rome de 1957.

Lorsqu'elle est rapporteuse du projet de loi relatif aux conventions collectives et au règlement des conflits du travail, elle y fait introduire, dans les clauses obligatoires, l'égalité de salaires entre hommes et femmes. Dans le secteur de l'éducation des filles, elle milite pour que toutes les grandes écoles soient ouvertes aux femmes. Au lendemain de la guerre, les femmes n'ont pas encore accès à l'École polytechnique. Il existe deux Écoles normales supérieures, l'une prestigieuse dans la rue d'Ulm pour les garçons, l'autre à Sèvres pour les jeunes filles. Les agrégations sont également différentes et les enseignantes sont moins bien rémunérées que leurs collègues masculins. Seule l'École nationale d'administration, créée en 1945, est mixte. Son père fondateur, Michel Debré, que Marcelle Devaud a toujours apprécié, y a imposé la mixité contre la volonté de beaucoup.

Marcelle Devaud s'est toujours sentie solidaire des autres femmes : « Je me sens en fraternité ou en sororité avec mes collègues, quelles qu'elles soient. » Elle considère que la notion de parti est très artificielle. Le côté humain est beaucoup plus important pour elle. Il lui est arrivé de solliciter le soutien de ses consœurs, quelle que soit leur appartenance partisane. En 1946, elle réclame par exemple, sans succès, le soutien de toutes les élues lorsqu'elle demande le versement des allocations familiales à la mère et non au chef de famille, le père.

En tant que parlementaire, Marcelle Devaud s'est spécialisée dans les questions sociales : elle est intervenue sur les différents régimes de sécurité sociale, l'allocation de vieillesse pour les personnes non salariées, les projets de loi concernant les conventions collectives et, en 1948, l'organisation d'une sécurité sociale spécifique pour les étudiants. Les relations étrangères l'ont également passionnée. Impliquée dans la vie politique au moment de la guerre d'Algérie, elle s'exprime sur la prolongation de l'état d'urgence et sur les institutions en 1958. Elle réclame d'ailleurs, à cette occasion, le droit de vote pour les musulmanes d'Algérie. Au mois de juin, elle vote également les pleins pouvoirs à de Gaulle et milite pour la révision de la Constitution. Par ailleurs, Marcelle Devaud s'est toujours engagée en faveur de la construction européenne.

En tant que représentante de la France à l'Union interparlementaire, elle a beaucoup voyagé, du Japon aux États-Unis. Il en est de même lorsqu'elle participe à la commission de la femme à l'Organisation des Nations unies (ONU), à partir de 1975. Selon Marcelle Devaud, il est très important, sur le plan parlementaire, de connaître des sociétés qui ont un autre mode de fonctionnement. Cette « révolutionnaire silencieuse », comme ont pu l'écrire certaines de ses biographes, a œuvré toute sa vie pour les droits des femmes. Sa pratique et son excellente connaissance des rouages institutionnels ont fait d'elle une alliée de poids pour les nombreuses réformes législatives en faveur de l'égalité des droits entre les hommes et les femmes. Sa combativité en la matière reste toujours aussi vive. En toute logique, et parce qu'elle sait que la bataille est inachevée, Marcelle Devaud est favorable aux mesures volontaristes destinées à promouvoir les femmes en politique.

En remplissant ses multiples mandats, elle espère avoir contribué au bien-être des citoyens et a aimé, dans la politique, cette possibilité d'améliorer le sort des autres. Elle avoue avoir été, au début, davantage passionnée par la philosophie que par la politique, mais « c'est un virus la politique. Quand on commence à en faire, on ne sait plus bien s'arrêter, et même maintenant encore je m'intéresse de très près à la politique », conclut-elle. Pour cette mère de famille de six enfants, le fait de concilier vie politique et vie familiale fut pourtant difficile. Elle dormait peu et travaillait beaucoup la nuit : « J'ai eu la chance d'avoir une bonne santé. »

Marie-France Garaud

Née en 1934. Chargée de mission au cabinet de Jean Foyer, ministre de la Coopération puis garde des Sceaux, ministre de la Justice (1961-1967). Conseillère technique auprès de Georges Pompidou, Premier ministre, puis président de la République (1967-1974). Magistrate à la Cour des comptes (1974-1999). Députée européenne (1999-2004). Préside, depuis 1982, l'Institut international de géopolitique qu'elle a fondé.

> « Le problème n'est pas de choisir six hommes ou six femmes. Le problème est de choisir des hommes et des femmes qui conviennent pour la mission que l'on va leur confier. Si c'est un homme tant mieux, mais si c'est une femme tant mieux. »

Marie-France Garaud est née à Poitiers dans une famille de la bourgeoisie de robe. Elle en connaît les rigidités mais aussi les vertus, et aime à rappeler que sa mère lui a répété cent fois : « Pour oser donner un ordre, il faut être capable de l'exécuter soi-même. On apprend ainsi le respect du travail. » Elle sait donc cuisiner, coudre, peindre, « conduire un tracteur ou agneler les brebis ».

Étudiante en droit, elle s'inscrit à vingt ans au barreau de Poitiers et envisage une carrière de magistrate ou d'enseignante. Cependant, trois ans plus tard, l'envie de changer d'air sans doute lui fait laisser la robe noire au vestiaire. Elle monte à Paris, prépare sa thèse de doctorat et prend un poste d'attachée juridique au ministère de la Marine. En 1961, elle est nommée chargée de mission au cabinet de Jean Foyer, son ancien professeur de droit, alors ministre de la Coopération, et conserve les mêmes fonctions auprès de lui lorsqu'il est nommé garde des Sceaux. Le vrai tournant pour elle aura lieu en 1967, lorsque Jean Foyer quitte le gouvernement. Alors qu'elle s'apprête à reprendre une carrière juridique, Georges Pompidou l'appelle à Matignon. Suite aux événements de Mai 68, elle fait partie du petit groupe qui suit Pompidou dans sa traversée du désert, puis participe à sa campagne présidentielle victorieuse et se retrouve à l'Élysée en 1969. C'est ainsi que, de fil en aiguille, elle a abandonné le droit pour la politique, « par hasard et par curiosité bien plus que par choix délibéré », comme elle le rappelle souvent.

Les années passées à l'université l'y avaient peut-être préparée, car le débat politique était alors au cœur des discussions d'une génération pour laquelle la fin de la guerre était encore très proche. « Nous étions tous taraudés par une question : aurions-nous fait le bon choix dix ans auparavant ? » Elle et ses amis ne se sentaient pas de gauche, puisque, à la faculté, la gauche était alors dominée par les communistes. Elle était de ceux qui lisaient plutôt *Esprit* ou les *Cahiers de la quinzaine*, appartenant à la jeunesse universitaire qui, entre les cours, refaisait le monde autour des tables de café, mais allait très vite se trouver confrontée aux problèmes de la décolonisation et de la guerre d'Algérie. Ces passions de jeunesse n'avaient cependant pas, chez elle, suscité alors de vocation politique

À Matignon, elle rencontre Pierre Juillet, ancien résistant, homme érudit, conseiller et ami personnel de Georges Pompidou, qui l'apelle avec une pointe d'ironie « ma conscience gaulliste ». Chargée de seconder celui-ci dans les affaires politiques, Marie-France Garaud forme avec lui un duo inédit, efficace et redouté, qui aura bientôt la réputation de faire et défaire les carrières dans les antichambres du pouvoir. Première femme en charge de questions politiques à l'Élysée, elle a eu droit à bien des qualificatifs : « éminence grise », « femme de l'ombre », mais aussi « Richelieu en jupon », « tsarine », « amazone » ou « Walkyrie guerrière », selon les ardeurs imaginatives de la classe politique et médiatique. Elle fait simplement remarquer que, en tant que conseiller technique au secrétariat général à la présidence de la République, tel était son titre, sa situation était aussi clairement définie que celle des autres conseillers à l'Élysée. Ses activités à ce niveau de l'État n'avaient donc rien de « gris » ni de clandestin.

« La femme la plus puissante de France », titra un jour en couverture l'hebdomadaire *Newsweek*. « Propos de journaliste », rectifie-t-elle : les conseillers n'ont pas de responsabilité politique propre et donc pas de « pouvoir », tout au plus de l'influence, celle-ci ne devant d'ailleurs jamais être publique. Bien sûr, tout homme chargé de responsabilités a besoin de « frotter sa cervelle à celle des autres », sans doute plus encore lorsqu'il s'agit de hauts dirigeants politiques, car le pouvoir isole et coupe des réalités. Mais les idées émises par les conseillers ne doivent pas être connues par d'autres que celui auquel elles sont destinées. Lui seul en portera en effet la responsabilité s'il les prend en compte et, dans le cas contraire, « ces idées seront mortes avant d'être nées, sauf à connaître parfois des résurrections inattendues ».

Il est pourtant de notoriété publique que Pierre Juillet et Marie-France Garaud ont notamment joué un rôle-clé dans l'élection présidentielle qui a suivi la mort de Georges Pompidou, en favorisant Valéry Giscard d'Estaing, qu'ils estimaient être le seul en mesure de battre François Mitterrand après que Pierre Messmer, alors Premier ministre, a dû renoncer à se présenter. On dit qu'ils ont alors « conduit Jacques Chirac à Matignon ». On dit aussi que c'est le même duo qui a poussé Jacques Chirac à quitter avec éclat les fonctions de Premier ministre en 1975, afin de créer le Rassemblement pour la République (RPR) face à l'Union de la gauche, et qu'ils ont, en 1977, beaucoup œuvré pour la conquête de la mairie de Paris par le même homme. Après l'élection de Jacques Chirac, Marie-France Garaud reprend cependant ses fonctions à la Cour des comptes, préservant comme toujours son indépendance.

Elle a refusé d'entrer au gouvernement quand Georges Pompidou le lui a demandé. Et il en a été de même lorsque Valéry Giscard d'Estaing, nouvellement élu, lui a fait la même proposition. L'idée d'être embrigadée dans un parti ou soumise quotidiennement aux contraintes d'une fonction de députée ou de ministre la rebutait et elle a toujours préféré rester libre. Refusant l'apparence et les servitudes du pouvoir, elle semble avoir, en revanche, goûté sans déplaisir aux satisfactions de l'influence.

En 1978, à la veille des élections au Parlement européen, le débat sur l'orientation politique de la Communauté européenne fait rage. Jacques Chirac demande à Pierre Juillet et à Marie-France Garaud de venir l'aider dans cette période difficile. Tout l'état-major du RPR est opposé à la politique européenne de Valéry Giscard d'Estaing. Eux aussi. L'« appel de Cochin » fixe la ligne du mouvement issu du gaullisme, mais celle-ci ne l'emporte pas aux élections européennes de 1979. Le compagnonnage avec Jacques Chirac cesse. Marie-France Garaud décide alors de défendre ses propres idées au grand jour. Elle fait donc irruption sur la scène publique en se portant candidate à l'élection présidentielle de 1981. Ses motivations sont strictement politiques : « Puisque Jacques Chirac ne veut plus s'opposer à une politique européenne fédéraliste, quelqu'un au moins en dira les dangers. » C'est pour elle une candidature de témoignage obligée.

Alors que l'entourage du général de Gaulle était exclusivement masculin, celui de Georges Pompidou a compté quelques femmes, dont Marie-France Garaud, chargée des affaires juridiques et, avec Pierre Juillet, des relations politiques. Elle admet qu'à l'époque les femmes étaient certainement moins nombreuses que les hommes en politique, mais que la situation ne lui paraissait pas tellement insolite : certaines, depuis longtemps, étaient parlementaires ou ministres, et bien d'autres jouaient des rôles importants. Il est vrai que, plus tard, Valéry Giscard d'Estaing voulut en accroître le nombre, et elle raconte avec humour une anecdote révélatrice de cette conception numérique : « Lorsque Giscard a été élu, il m'a proposé d'entrer au gouvernement et, comme je refusais, Jacques Chirac a insisté, ajoutant avec ce naturel qui le caractérise : "C'est très dommage que vous disiez non, Marie-France, on avait vraiment besoin d'une femme !" C'est agréable, commente-t-elle en souriant, d'être ainsi choisie pour soi-même ! »

Elle s'est souvent agacée de l'instauration de ministères alibis, créés à grand bruit pour les femmes, mais ne disposant d'aucun moyen administratif ou financier et, bien sûr, toujours confiés à une femme comme s'il s'agissait d'« histoires de harem ». Il lui paraît plus important de développer tout ce qui permet à celles qui le souhaitent de libérer du temps et d'acquérir la formation nécessaire pour s'engager dans la vie politique locale ou nationale. « Elles y réussissent très bien et, remarque-t-elle, si les difficultés matérielles sont pour les femmes plus encombrantes que pour les hommes, celles-ci sont souvent, en revanche, mieux armées qu'eux pour assumer les risques et surmonter les échecs. Elles ont plus d'intuition, mais surtout, au plus haut niveau de responsabilité, leur engagement est sans doute de nature différente. Si tout être humain éprouve le besoin profond de laisser une trace, quelque chose de lui qui lui survivra, les hommes trouvent d'abord la réponse à cette quête dans leur action, et dans le succès. Pour les femmes, c'est tellement plus simple, ce sont d'abord leurs enfants qui constituent leur évidente trace, peut-être parce que le lien qu'elles ont avec eux est plus charnel que celui du père. De sorte que, dans l'exercice du pouvoir politique, elles sont souvent plus exigeantes, plus dures avec elles-mêmes – et avec les autres d'ailleurs – comme si l'essentiel n'était pas engagé là. Elles sont alors capables de prendre de grands risques, non seulement celui de l'échec, mais, ce qui est beaucoup plus difficile, celui du désaveu et de la condamnation. Songeons à Golda Meir, Margaret Thatcher, Indira Gandhi ou Benazir Butho. Les hommes, au contraire, en tout cas ceux qui ne sont pas des héros, célèbres ou obscurs, sont infiniment plus vulnérables, car l'échec les touche au plus profond et, instinctivement, souvent, ils s'en protègent. »

Dans le monde d'hommes où elle a travaillé, Marie-France Garaud ne s'est jamais sentie marginalisée. Peut-être parce qu'elle est issue d'un milieu au sein duquel des femmes magistrats siégeaient dans les tribunaux depuis des années, tandis que les facultés de droit comptaient déjà d'illustres agrégées. À la Cour des comptes, à la Cour de cassation, ses collègues masculins ne lui ont jamais fait sentir quelque différence que ce soit parce qu'elle était une femme, sauf à se montrer sans doute moins cavaliers qu'ils ne le sont entre eux. Encore une fois, souligne-t-elle, « il y a longtemps que les femmes sont entrées dans ces lieux. En politique, il est vrai que les choses peuvent être différentes, mais je crois que, dans des situations difficiles, le fait d'être une femme constitue plutôt un atout, permet de détendre l'atmosphère, et facilite souvent les choses. Sauf, évidemment, si l'on a affaire à des goujats. Mais ceux-là ne sont pas dangereux et chacun sait qu'ils sont rares ! »

La passionnée de politique souligne qu'elle n'aurait pu mener la vie qui a été la sienne si elle n'avait pas eu avec elle, pendant toutes ces années, une femme qui était auprès de ses enfants presque un double d'elle-même, et dont la présence palliait, « avec une tendre intelligence », des absences qu'il lui était souvent impossible de prévoir ou de mesurer. Toutes les femmes qui travaillent connaissent d'ailleurs ce genre de problèmes, mais ils sont particulièrement aigus dans les activités où les horaires sont imprévisibles. C'est pourquoi elle pense que la première condition pour que les femmes puissent être professionnellement à égalité avec les hommes, y compris pour celles qui ne disposent pas de beaucoup de ressources, est de pouvoir faire garder leurs enfants afin de « s'organiser le mieux possible. Le temps est un problème majeur pour les femmes et beaucoup d'entre elles se posent la question de savoir si cela vaut la peine de quitter son foyer plusieurs jours par semaine pour venir à l'Assemblée nationale, courir entre l'hémicycle et les séances de commission et voter des textes dont l'obscure technicité est souvent rebutante ». Un travail parlementaire classique implique des sacrifices dans la vie familiale qui ne sont pas, à son avis, compensés par les satisfactions qu'on peut y éprouver. D'autant plus que, en général, la principale préoccupation des députés est de devenir ministre, c'est-à-dire d'accéder à une situation encore plus difficile à gérer du point de vue familial.

Pour Marie-France Garaud, « la politique, c'est choisir, c'est prendre une décision ou ne pas la prendre, et chaque acte posé a des conséquences sur la vie et le destin des citoyens». Dans la vie comme en politique, l'essentiel est ainsi de pouvoir choisir et assumer ses responsabilités dans le respect des autres.

Françoise Gaspard

Née en 1945. Maire socialiste de Dreux (1977-1983). Députée socialiste de l'Eure-et-Loir (1981-1988). Experte au Comité pour l'élimination de la discrimination à l'égard des femmes (CEDAW) à l'Organisation des Nations unies (ONU).

> « C'est extraordinaire : chez les hommes, il existe une peur que les femmes fassent alliance. Il serait donc intéressant qu'elles s'allient, non pas sur tout, mais sur un certain nombre de points ! »

L'un des premiers souvenirs politiques de Françoise Gaspard est un discours radiophonique de Pierre Mendès France à l'intention des écoliers le jour de la rentrée. Ce dernier leur disait : « Engagez-vous. » Elle avait neuf ans. Dès son premier salaire, à dix-huit ans, elle prend une carte au Parti socialiste unifié (PSU), puis adhère au Parti socialiste d'Alain Savary en 1969 qui devient, lors du congrès d'Épinay en 1971, le parti de François Mitterrand. Après avoir été maire et députée, Françoise Gaspard s'est retirée de la vie politique à la fin des années 1980 pour se consacrer à la recherche et s'intéresser notamment aux problématiques concernant l'exclusion des femmes des espaces de pouvoir.

Lors de sa première candidature, aux élections cantonales de 1973, le nouveau Parti socialiste d'Épinay est très bas dans les sondages. L'organisation décide cependant de quadriller le territoire en présentant des candidats partout. Françoise Gaspard a vingt-sept ans et est désignée un peu par hasard pour faire campagne dans un canton de Dreux, *a priori* perdu d'avance : son investiture ne pose donc aucun problème. Mais la jeune candidate obtient un score étonnant et attire l'attention au sein de son propre parti ainsi que dans l'opinion publique, puisque *Le Monde* publie un papier sur sa campagne. Elle est l'une des rares femmes candidates à des élections dites « de notables ». Aux cantonales suivantes, en 1976, elle met presque en ballottage le maire de Dreux dans son propre canton. De ce fait, au moment des municipales de 1977, Françoise Gaspard postule à l'investiture du PS pour diriger la tête de liste à Dreux. Mais, comme la circonscription paraît gagnable, certains cadres du PS manifestent leur intérêt soudain pour cette commune. Françoise Gaspard, qui vient d'achever l'École nationale d'administration, bataille et obtient tout de même l'investiture. François Mitterrand, qui la soutient, vient même en personne ouvrir la campagne nationale des municipales à Dreux, alors que la presse nationale et audiovisuelle est présente. Elle se souvient que, lorsqu'elle raccompagne le dirigeant du PS à sa voiture, ce dernier lui lance avec une certaine compassion : « Vous êtes courageuse parce qu'il n'y a aucune chance que vous soyez élue. » Françoise Gaspard lui répond alors avec assurance : « Je vais être élue. » Elle devient effectivement maire de Dreux, et elle est la seule femme socialiste à la direction d'une ville de plus de 30000 habitants. Elle fait partie des 2,8 % de femmes maires à l'époque. Aussitôt après son élection, François Mitterrand lui demande de se présenter au bureau exécutif du parti. Elle est élue comme suppléante et fait partie des six femmes qui siègent parmi les trente-quatre membres à la direction du parti.

Françoise Gaspard, qui a participé activement au mouvement féministe des années soixante-dix, est bien décidée à instiller du « féminisme » dans un appareil qui renâcle encore à intégrer les questions afférentes à l'égalité entre les sexes au sein de son programme. Elle se souvient que lorsqu'elle interpellait ses collègues du bureau exécutif sur ce sujet, elle était écoutée avec une certaine condescendance. Même si elle ne se sentait alors pas rejetée, elle avait parfois le sentiment de ne pas être à sa place et de troubler des « rassemblements fatriarcaux ». « Il m'est arrivé de quitter des repas parce qu'on me demandait d'être complice de mots qui étaient d'un machisme incroyable. »

Les femmes se trouvent également en position d'extrême minorité au sein du groupe socialiste à l'Assemblée (elles sont environ 5 % à partir des législatives de 1978), et Françoise Gaspard explique qu'il était quasiment impossible de se faire entendre. Elle se souvient à ce propos d'un débat en 1983, au moment de l'instauration de la politique de rigueur économique : « Le débat portait sur la légalisation et le développement du temps partiel. Nous sommes alors deux à nous lever pour poser la question des effets du temps partiel en disant : "Ce sont les femmes qui vont le payer, il faudrait donc peut-être réfléchir aux conséquences des contrats à temps partiel en fonction du sexe." Nous étions deux, je m'en souviendrai toujours: c'étaient Huguette Bouchardeau et moi. Certains hommes se sont mis à faire des moulinets avec leurs bras et leurs mains pour signifier: "Encore les femmes, encore les femmes, elles nous cassent les pieds." Donc oui, j'ai plein de souvenirs des difficultés à faire valoir, sur le plan politique, la question des femmes dans la société. »

L'ancienne maire de Dreux a toujours été mitigée, voire formellement opposée aux politiques de quotas, considérant que les femmes ne sont pas 20 % ou 30 % de la société mais représentent un peu plus de la moitié de l'humanité. Elle conserve très bien en mémoire les difficiles négociations à chaque congrès du PS pour obtenir une proportion plus importante de femmes dans les instances dirigeantes du parti et sur les listes électorales. Ce sont notamment Marie-Thérèse Eyquem et Yvette Roudy qui sont à l'origine de cette initiative au début des années 1970, alors que Françoise Gaspard milite de son côté pour la parité.

En 1978, elle devient même la porte-parole du collectif Femmes autonomes, qui menace de créer un troisième courant à l'intérieur du PS. Ce mouvement, animé par des féministes notoires, défend l'idée selon laquelle les femmes peuvent apporter une dimension nouvelle au socialisme et permettre à celui-ci d'évoluer. Parmi les propositions de ce courant en gestation, figurent le non-cumul des mandats, leur limitation dans le temps et des mesures pour que les femmes puissent exister à l'intérieur du parti et dans la vie politique en général. Cette initiative suscite le courroux des chefs de l'appareil et le désarroi d'autres militantes féministes, qui craignent un phénomène de ghettoïsation des femmes et estiment que le féminisme ne peut pas constituer à lui seul un programme de société. La mobilisation autour de ce mouvement prend une certaine ampleur et s'étend même à l'extérieur du PS, puisque des militantes du PSU s'y agrègent pendant que certaines communistes tentent à leur tour de faire entendre leurs revendications au sein de leur propre parti.

Françoise Gaspard reconnaît qu'il s'agissait de « mettre les pieds dans le plat » pour que certaines promesses concernant la représentation des femmes et les questions de l'égalité soient enfin prises en compte dans le parti. La tentative sécessionniste a pour effet de susciter une recrudescence d'adhésions féminines et d'obliger le PS à respecter le quota de 30 % de femmes pour les élections suivantes. Mais la proposition de parité formulée par Françoise Gaspard est rejetée à quelques voix près par la direction du parti. Aux élections européennes de 1979, le PS présente en alternance une femme sur trois candidats. Six d'entre elles sont élues à l'issue du scrutin. Malgré tout, la situation évolue extrêmement lentement, puisqu'aux législatives de 1981, 95 % des députés socialistes sont des hommes. Françoise Gaspard n'abandonne pourtant pas la bataille. En 1992, elle publie, en collaboration avec Anne Le Gall et Claude Servan-Schreiber, un ouvrage intitulé *Au pouvoir citoyennes !*

Liberté, égalité, parité, et devient l'une des principales actrices du débat sur la parité qui envahit l'espace public au début des années 1990.

« Il fallait en finir avec l'exclusion des femmes en politique. Les quotas me semblaient une mauvaise solution, l'idée de parité me semblait plus logique. C'est vrai que nous avons été, parmi celles qui ont soutenu cette idée, divisées sur les moyens et sur la philosophie de cette notion. Personnellement, je pense que l'on a commis une erreur en France avec le vote de la loi sur la parité. Il ne faut pas voter la parité pour des raisons “essentialistes”, qui consistent à dire que c'est parce qu'il y a des hommes et des femmes et que pour toujours il faudrait qu'il y ait 50-50. Je préférerais que ce soit considéré comme une mesure transitoire et que, dans vingt ans, on regarde comment ça fonctionne et comment il faut améliorer la situation et supprimer éventuellement la loi. Ne pas en faire une affaire de nature, mais une affaire d'égalité. »

Sur le fond, elle se trouve donc en désaccord avec le texte du « Manifeste des dix », qui paraît dans *L'Express* en juin 1996, parce qu'il ne revendique pas explicitement la parité. Elle admet cependant sans conteste qu'il a fait avancer l'idée d'égalité en politique. D'après elle, la loi de 2000 sur la parité, qui a été précédée d'une révision de la Constitution, a pu être votée parce que la gauche avait perdu les élections de 1993. Le fait qu'elle échoue lors de ce scrutin et soit en mal de programme a en effet favorisé l'intégration du principe de parité dans ses propositions. L'épisode des « jupettes » dans le gouvernement d'Alain Juppé en 1995 a également permis de mobiliser les femmes de droite sur cette question. La polémique atteint aussi l'opinion publique. Avec la dissolution de l'Assemblée nationale en 1997, les socialistes, de retour au pouvoir, se sont donc « trouvés dans l'obligation de tenir leurs promesses ».

Comme le remarque Françoise Gaspard, dans les partis en général et les partis de gouvernement en particulier, « il reste toujours difficile d'être une femme ». Pour exister et gravir les échelons de la hiérarchie politique, elles doivent « masquer leurs engagements féministes et leurs désaccords par rapport à certaines pratiques misogynes du milieu ». D'après elle, la vraie difficulté réside dans l'absence de véritables mouvements féministes en France, capables de « révolutionner et d'atténuer la domination masculine ».

Fabienne KELLER

Née en 1959. Maire UMP (Union pour un mouvement populaire) de Strasbourg (2001-2008) et sénatrice du Bas-Rhin depuis 2004. Vice-présidente du conseil régional d'Alsace (1998-2002).

> « Lorsque j'ai été élue conseillère générale – seule femme dans l'assemblée –, on a tout de suite voulu me confier le social. J'ai exigé le secteur économique et je l'ai obtenu. Je crois que c'est important que les femmes ne soient pas cantonnées à un domaine donné parce que c'est complètement contraire au principe de parité. Les femmes, comme tout représentant de la société française, doivent s'intéresser à tous les domaines. »

Fabienne Keller est tombée dans la politique toute petite. Son père, Eugène Griesmar, élu au conseil municipal de Sélestat (Bas-Rhin) pendant plus de trente ans, fut le premier adjoint RPR (Rassemblement pour la République) de la commune à partir de 1983. Lors des municipales de 1989, la tête de liste semble logiquement revenir à son père puisque le maire sortant décide de ne pas se représenter. Ses colistiers en décident autrement. Cette trahison, qui reste un souvenir encore vivace pour

Fabienne Keller, a sans nul doute motivé son entrée et sa ténacité en politique. Enfant, elle entend couramment parler politique en famille et accompagne son père dans les bureaux de vote au moment des élections. « Quand j'étais très sage, j'avais le droit d'ouvrir l'urne pour glisser l'enveloppe. Et donc très jeune, je comprenais bien les mécanismes d'élection, de responsabilité. C'est quelque chose qui m'intéressait et que je vivais aux côtés de mon père. » Elle se rappelle également de l'échec du général de Gaulle au référendum en 1969, car son père, gaulliste inconditionnel, vit ce moment comme une grande déception.

Fabienne Keller entre à Polytechnique puis fait l'École nationale du génie rurale et des eaux et forêts. Elle choisit également de faire son service national dans la marine, où elle rencontre par ailleurs son mari, avec lequel elle partira un an aux États-Unis. Elle a vingt-cinq ans et décroche un master d'économie à l'université de Berkeley. De retour à Paris, elle travaille au ministère de l'Agriculture, à celui des Finances, puis se dirige vers le secteur bancaire.

Installée de nouveau à Strasbourg, cadre de banque et mère de deux enfants, la politique la démange et elle souhaite s'engager là où elle réside. Son père la présente à Daniel Hoeffel, président UDF (Union pour la démocratie française) du conseil général du Bas-Rhin. Elle adhère à l'UDF et, aux élections cantonales de 1992, convoite le Neudorf, un canton au sud de Strasbourg. Elle mène une campagne de proximité, de porte à porte, devant absolument se faire connaître de ses électeurs.

Elle se souvient que, sur les 44 élus du Bas-Rhin, il n'y avait alors aucune femme. Une réflexion de ses adversaires l'a d'ailleurs beaucoup motivée: «L'UDF est sûre de perdre, la preuve ils ont choisi une femme.» De tels sarcasmes ne font que réactiver son combat, qui se révélera payant, puisque, à la surprise générale, elle arrive en tête au premier tour.

Fabienne Keller a le contact facile et se définit comme une femme de terrain. Elle adore les campagnes électorales parce que ce sont des «moments denses où l'on peut prendre le temps d'aller à la rencontre des gens». Les discussions avec les habitants «permettent de comprendre davantage leurs préoccupations» et ce temps d'échanges, riches et variés, lui paraît essentiel dans l'élaboration et l'affinement d'un programme pour une commune. «L'exercice, ajoute-t-elle, demande un peu de cette humilité indispensable et très saine en politique.» Elle déteste les joutes oratoires et aime encore moins les violences verbales. Elle n'a jamais ressenti d'hostilité de la part des électeurs parce qu'elle est une femme: «J'ai plutôt envie de dire que c'est le contraire. Peut-être qu'une femme on l'aborde plus facilement, on échange, on n'est pas du tout sur un mode agressif.»

En revanche, dans les appareils politiques, si être une femme peut parfois représenter un avantage, cela reste toutefois le plus souvent un inconvénient. Parce que les femmes sont peu nombreuses, «elles sont plus facilement repérables». Mais l'univers politique est toujours dominé par les hommes et «ce sont eux qui choisissent». La loi sur la parité change progressivement cette situation, même si l'équilibre entre hommes et femmes est loin d'être acquis, selon Fabienne Keller.

En 1997, elle décide d'opter pour un emploi à mi-temps afin de se consacrer davantage à la politique. L'année suivante, elle entre au conseil régional et, à l'approche des élections municipales, elle devient une prétendante à l'investiture. Elle n'est pas la seule et, *a priori*, elle n'est ni la mieux placée ni la plus soutenue. Elle démarche les adhérents de l'UDF personnellement et remporte la primaire haut la main. Mais le RPR revendique aussi la direction de la liste de droite à Strasbourg et son chef de file, Robert Grossmann, bénéficie d'un bon ancrage local. Les deux postulants finissent par s'entendre en constituant un tandem paritaire. Pour la décourager, certains prédisent une campagne de « crêpage de chignons », puisque Fabienne Keller doit battre la maire sortante socialiste Catherine Trautmann. Face à de telles opinions, elle ne se démonte pas, persévère, met en valeur son engagement et son désir d'agir en restant assurée de ses compétences et de sa légitimité à concourir à ce poste. « Le fait d'être polytechnicienne peut parfois être un atout pour faire pièce à des arguments d'ordre sexiste mais n'est pas, selon elle, suffisant. » Il s'agit toujours de faire la preuve de son sérieux, de sa connaissance parfaite des dossiers. Les femmes sont pour cette raison plus travailleuses que leurs collègues masculins, mais il faudrait vraiment dépasser cela parce que les femmes ont les mêmes droits que les hommes. « Elles représentent la moitié de la société française, il faut donc qu'elles soient représentées. D'autres parties de la société française devraient également être mieux représentées, comme le monde ouvrier, qui est très absent des assemblées et d'une manière générale des mandats importants d'élus. Il est nécessaire que les gens désignés soient différents pour que la diversité des sensibilités soit reflétée lors des débats. »

Comme de nombreuses femmes politiques, plus particulièrement celles situées à droite de l'échiquier politique, Fabienne Keller est d'abord réservée quant à la nécessité de promulguer une loi pour obliger les partis à présenter des femmes aux différents scrutins électoraux. Il lui semble alors que les femmes peuvent arriver à de hauts niveaux de responsabilité par elles-mêmes. Depuis, au regard d'une situation qui n'a évolué que très lentement, elle a changé d'avis, comme beaucoup de ses collègues féminines : « Je pense que la parité constitue une vraie aide pour accéder à certains postes exécutifs. Une fois qu'il y aura assez de femmes, elles feront chacune leur propre chemin. »

Le sujet ne concerne pas seulement le champ politique puisque, selon Fabienne Keller, on retrouve cette même situation de marginalisation des femmes dans le monde professionnel. Elle s'intéresse d'ailleurs de près aux travaux de l'association Femmes et sciences qui se préoccupe de la place des femmes dans l'univers des ingénieurs, des chercheurs du monde scientifique. Il lui semble toutefois que le problème est encore plus crucial en politique, parce qu'il y a là de véritables enjeux de pouvoir et que les femmes ont peut-être plus de mal à y exiger le pouvoir sans renier leur propre éthique. Celles-ci doivent donc être épaulées pour se sentir légitimes à cette place.

Sous sa direction, la moitié des élus du conseil municipal de Strasbourg étaient des femmes, et Fabienne Keller précise qu'il « n'a pas été difficile de trouver des femmes compétentes, contrairement à ce que certains hommes politiques laissent croire ». Concernant l'existence d'une autre manière de faire de la politique, Fabienne Keller estime que, globalement, il existe une sensibilité « plus opérationnelle et davantage tournée vers l'action concrète » chez les femmes politiques. L'ancienne maire de Strasbourg émet l'hypothèse qu'une telle posture est peut-être due au fait qu'elles sont moins touchées par le cumul des mandats et donc plus disposées à consacrer du temps à la rencontre avec les citoyens sur leur territoire. « J'avais beaucoup de femmes adjointes de quartier. Elles n'hésitaient pas à œuvrer en proximité et à se rendre disponibles pour tous, à conduire les projets de manière très soigneuse. Je crois qu'il y a là un souci de l'action, de décliner la grande idée politique dans sa réalisation concrète. Cela dit, à un certain niveau, les femmes sont aussi obligées de se battre pour accéder aux places. »

Fabienne Keller, ancienne polytechnicienne, a déjà connu des situations de minorité et été perçue comme une intruse. Elle remarque toutefois qu'en politique, « c'est un cran au-dessus en termes de résistance à l'entrée des femmes ! » C'est pourquoi elle estime que ce fut une chance d'être une élue de terrain. Entrée en politique par la base, elle a pu occuper différentes responsabilités aux niveaux régional et municipal qui lui ont permis de consolider son engagement et son ancrage au sein de la communauté strasbourgeoise. Elle a pu, en quelque sorte, se constituer un fief électoral.

Ses premiers souvenirs féministes remontent au procès de Bobigny, en 1972, puis aux images de Simone Veil défendant, deux ans plus tard, la légalisation de l'avortement devant un parterre de députés masculins souvent hostiles. D'après elle, ces femmes ont ouvert des voies nouvelles et sa génération a beaucoup profité des luttes des années 1970. « Les jeunes femmes d'aujourd'hui devraient d'ailleurs s'intéresser à ces parcours dont la valeur a été parfois trop vite oubliée. Cela pourrait les aider à ne pas renoncer trop vite à leurs droits et à ne pas s'autolimiter au niveau professionnel et personnel. » De ce point de vue, Fabienne Keller se dit inquiète de la situation actuelle des femmes, et l'une de ses préoccupations est d'inciter des femmes compétentes à solliciter des postes à responsabilités. Elle se dit féministe et trouve le sexisme absolument inadmissible. Elle-même a été élevée sur un pied d'égalité avec ses frères. Son père les a encouragées, elle et sa sœur, à entreprendre des études de haut niveau. Les quolibets ou les réflexions misogynes, elle « connaît », mais s'efforce de ne pas les relever ou de les renvoyer à leurs auteurs.

Nathalie Kosciusko-Morizet

Née en 1973. Depuis juin 2007, secrétaire d'État UMP auprès du ministre de l'Écologie, du Développement et de l'Aménagement durable. Députée de l'Essonne (2002-2007). Maire de Longjumeau depuis 2008.

> « J'ai fait des choses variées avant et je n'imagine rien qui soit aussi passionnant que la politique. Les femmes devraient s'y investir plus. »

Nathalie Kosciusko-Morizet est issue d'une famille qui a une longue tradition politique. Son père, François Kosciusko-Morizet, après une carrière de haut fonctionnaire, est maire de Sèvres depuis 1995; son grand-père, gaulliste de gauche, devint ambassadeur de France à Washington; son arrière grand-père fut sénateur-maire SFIO (Section française de l'Internationale ouvrière) de Boulogne-Billancourt.

Malgré sa filiation, elle ne se sent pas pour autant une héritière, parce que son entrée en politique n'était pas préméditée. Elle a cependant tiré de la culture familiale un grand intérêt pour la chose publique en général. Étudiante, elle ne se souvient pas avoir appartenu à aucun mouvement politique. Elle commence une vie professionnelle

« un peu classique », selon ses propres termes, et travaille à des sujets qui la passionnent, comme les questions environnementales. Elle entre en politique parce qu'elle a le sentiment que « ce qui se dit sur ces questions n'est pas adapté ». Elle écrit donc quelques articles sur le sujet et ses papiers sont repérés par les partis politiques. Polytechnicienne, Nathalie Kosciusko-Morizet a une formation scientifique. Il est d'ailleurs regrettable, selon elle, qu'il n'y ait pas plus de scientifiques en politique, car « ils posent un certain nombre de questions sur des problèmes techniques ». Cela permettrait par ailleurs d'insuffler un peu plus de diversité à l'Assemblée nationale. À l'occasion de la loi sur la Charte de l'environnement en 2005, dont elle était la rapporteuse, Nathalie Kosciusko-Morizet s'est rendu compte combien ses collègues avaient une vision encore très positiviste de la science.

En matière de diversité à l'Assemblée nationale, de diversité entre les sexes en particulier, Nathalie Kosciusko-Morizet pense que l'on se ment à soi-même en évoquant la question en terme de parité, car « la parité est quelque chose d'un peu arithmétique dont on est tellement loin ». Elle préfère que l'on parle de mixité, puisque la question est de savoir s'il y a suffisamment de femmes pour que le milieu politique puisse être considéré comme mixte. De plus, elle considère que ce n'est pas seulement un problème de justice, mais aussi d'efficacité. Dans tous les milieux professionnels, lorsqu'un sexe est en position de minorité extrême, on perd en richesse, en créativité, en stimulation et en émulation. La non-mixité est donc appauvrissante. Pour elle, une équivalence minimum entre les hommes et les femmes serait normale dans les assemblées politiques, qui y gagneraient en efficacité. L'Assemblée nationale devrait montrer l'exemple.

Selon Nathalie Kosciusko-Morizet, la politique n'est pas vraiment un métier, même si un apprentissage est nécessaire, comme celui de savoir déposer ou faire voter un amendement. Le discours sur la professionnalisation de la politique ne la convainc pas. L'envie des femmes d'accéder à ce milieu est primordiale, et « il faut qu'elles s'en donnent les moyens ». Lorsque certaines d'entre elles viennent lui demander conseil, elle leur répond : « Faites attention, il faut essayer de s'astreindre à un calendrier qui soit plus ou moins le même que celui des hommes. » Nathalie Kosciusko-Morizet part du constat que les femmes sont très présentes dans les mouvements de jeunesse, puis s'effacent au profit des hommes entre vingt-cinq et quarante-cinq ans, parce qu'elles choisissent souvent d'avoir des enfants et qu'il est très difficile pour une femme de concilier vie familiale et vie politique. Or, remarque Nathalie Kosciusko-Morizet, « on met du temps à faire sa place dans le monde politique, en France particulièrement ». De ce fait, les femmes auront toujours, globalement, des positions plus accessoires, plus marginales. Il est donc important qu'elles s'y investissent jeunes et ne s'arrêtent pas, comme c'est le cas pour les hommes.

Les fonctionnements pourraient être différents si les assemblées politiques et le pouvoir en général étaient plus mixtes. L'irruption de la mixité dans un milieu change inévitablement certaines pratiques. Nathalie

Kosciusko-Morizet remarque cependant que la politique ne peut se faire sans qu'il soit nécessaire d'y consacrer certaines soirées ou week-ends: «La politique est une activité dévorante, et, parce que c'est une passion, c'est une activité dévorante comme toutes les passions. Il y a d'ailleurs des femmes qui, dans d'autres secteurs, assument ce genre de passion. Quand on est chercheur – il y a des femmes chercheuses de très haut niveau –, quand on est artiste, on est à sa manière dévorée aussi par ce que l'on fait. Ce sont des activités extrêmement prenantes. Il faut qu'il y ait des femmes partout et il faut qu'il y ait des femmes là aussi. Évidemment, il faut réussir à s'adapter pour que ce soit vivable. Mais je crois qu'il ne faut pas rêver à l'infini: tout ne peut pas être adapté, on ne pourra jamais faire les 35 heures dans la vie politique.»

Elle admet que la conciliation entre vie privée et vie professionnelle reste toujours plus compliquée pour une femme que pour un homme. Ce qui est différent dans la politique par rapport à d'autres milieux professionnels, c'est qu'en plus du côté très absorbant de cette activité, il faut aussi gérer la surexposition médiatique, la concurrence et certaines tensions spécifiques à ce monde.

Cette jeune politicienne ne se souvient pas d'avoir eu à répondre personnellement à des propos sexistes, mais elle ne nie pas leur existence. Elle constate qu'il existe toujours des gens qui essaient de vous disqualifier sur ce critère-là ou sur d'autres. Il arrive surtout, selon elle, que l'on ait un sentiment d'étrangeté à force d'être peu nombreuses: «L'impression d'être invitée, en quelque sorte, dans un milieu d'hommes, fait par des hommes, pour des hommes.

À la fin d'une journée on se dit alors: "Tiens, j'ai été confrontée à une réaction dont je trouve qu'elle était manifestement inappropriée." Il n'y a rien de systématique et on n'y pense pas toute la journée, sinon on n'arrive plus à vivre ! »

Le Mouvement pour la libération des femmes (MLF) des années 1970 représente un moment important pour Nathalie Kosciusko-Morizet, qui remarque d'ailleurs qu'il a été un peu trop durement décrié par certains médias. Elle connaît les écrits de Simone de Beauvoir et pense que certaines choses sont encore d'une totale actualité. Ces luttes ont été essentielles et il est « dommage que certains réflexes de cette époque aient été perdus », parce que les discriminations salariales, par exemple, existent toujours et « la condition des femmes n'est pas encore totalement à égalité avec celle des hommes ». Cependant, si le combat féministe est toujours nécessaire, il faudrait, selon la jeune femme, le redéfinir, partir à la recherche d'un nouveau féminisme, parce que certains enjeux ont changé, et « se méfier d'une certaine tendance des sociétés contemporaines à ne défendre les femmes que parce qu'elles sont mères et non parce qu'elles sont des femmes ».

À l'Assemblée nationale, Nathalie Kosciusko-Morizet évite de se laisser enfermer dans les domaines traditionnellement confiés aux femmes: « J'ai toujours fait très attention de travailler sur les sujets qui m'intéressaient personnellement, et pas sur les sujets sur lesquels les collègues auraient voulu m'enfermer, du genre: "Tu vas t'occuper de la famille, tu vas t'occuper des crèches, tu vas t'occuper de la journée internationale du droit de l'enfant." C'est formidable la journée internationale du droit de l'enfant, mais il n'y a pas de raison que ça n'intéresse pas autant les hommes que moi. Il faut éviter de se laisser enfermer dans l'imagerie d'Épinal de la femme-mère qui revient assez fortement dans le monde contemporain.» La féminité ne doit pas être vécue, selon elle, comme une spécialisation. Nathalie Kosciusko-Morizet se méfie des discours différentialistes, mais elle pense que la montée en puissance des femmes en politique, et plus généralement la mixité du milieu, peut contribuer à changer les modes de fonctionnement et à bousculer les archaïsmes du monde politique.

Nathalie Kosciusko-Morizet préfère parler de complicité féminine plutôt que de solidarité, parce que les femmes se «sentent une communauté de destin» par rapport à certains sujets et parce que toutes les femmes politiques ont fait à un moment donné l'expérience d'un certain sexisme. Cependant, conclut-elle, «si les femmes peuvent se retrouver ponctuellement sur un projet commun, les fonctionnements au quotidien, dans le monde politique, ne sont pas furieusement marqués par la solidarité. Il faut être sans innocence sur ces questions-là».

Arlette Laguiller

Née en 1940. Adhère au Parti socialiste unifié (PSU) en 1960 puis à la Confédération générale du travail (CGT). Exclue du syndicat en 1965, elle s'agrège au groupe Voix ouvrière, qui devient Lutte ouvrière (LO) après sa dissolution en 1968. Porte-parole et candidate LO à l'élection présidentielle de 1974 puis à toutes les élections présidentielles jusqu'en 2007. Élue conseillère régionale d'Île-de-France. Députée européenne LO-LCR (1999-2004).

> «On nous dit parfois que notre parti, Lutte ouvrière, n'est pas assez féministe. Pourtant on a montré que ce n'était pas anodin de présenter une femme et une travailleuse aux présidentielles depuis 1974. Cela correspond à quelque chose de profond, la conviction que les femmes sont aussi capables que les hommes en politique. Nous nous sommes d'ailleurs toujours efforcés à tous les niveaux internes dans notre parti de respecter la parité.»

Issue d'un milieu ouvrier traumatisé par la Seconde Guerre mondiale, Arlette Laguiller se souvient que son père se disait anarchiste et lisait les quotidiens communistes *L'Humanité* ou *Ce Soir,* et parfois *Le Canard enchaîné.* Elle acquiert ses premières notions politiques au contact de celui-ci. La famille de trois enfants vit dans un petit appartement dans une cité des Lilas, en banlieue parisienne, et reçoit des secours de la mairie et de l'aide sociale. Comme elle échoue au concours d'entrée à l'École normale d'institutrices et qu'un salaire à la maison devient indispensable, Arlette Laguiller quitte l'école à seize ans, munie d'un BEPC. Elle entre comme employée de banque au Crédit lyonnais. Un an après son embauche, une grande grève paralyse nombre de banques pendant trois semaines. Arlette Laguiller assiste aux assemblées générales quotidiennes, rencontre les grévistes et commence à s'intéresser à ces luttes. Elle appartient aussi à une génération qui se politise assez vite au travers de la lutte contre la guerre d'Algérie. Les jeunes hommes en particulier redoutent de devoir partir y faire leur service. Sans s'engager dans un parti ou un syndicat, Arlette Laguiller participe à des manifestations pour réclamer l'indépendance de l'Algérie, notamment au grand meeting pour la paix en Algérie organisé par l'Union des étudiants de France (UNEF) le 17 octobre 1960. Cette même année, elle adhère au Parti socialiste unifié (PSU), qui vient de se créer, et rencontre des cadres de l'organisation trotskiste Voix ouvrière qui devient, après 1968, Lutte ouvrière (LO). Elle prend également sa carte à la Confédération générale du travail (CGT). « J'ai vingt ans et j'habite un quartier populaire. Je vois beaucoup de misère autour de moi et, en plus, je constate que, dans les banques, ce ne sont pas des travailleurs privilégiés. Il y a une exploitation, des bas salaires. Il faut donc se battre pour faire changer les choses. » Une fois engagée sérieusement aux côtés des trotskistes, elle démissionne du PSU et est exclue de la CGT.

Enfant, Arlette Laguiller n'a pas ressenti de brimades du fait de son appartenance au sexe féminin, et lorsqu'elle commence à militer, le groupe auquel elle appartient fait sien le discours sur l'égalité entre les hommes et les femmes. Il s'agit d'un petit parti marxiste où les femmes sont amenées à prendre des responsabilités au même titre que les hommes. Selon Arlette Laguiller, l'organisation favorise la prise de responsabilité des femmes, qui ne sont pas là seulement pour taper les tracts mais aussi pour les écrire. Voix ouvrière puis Lutte ouvrière rompent avec les pratiques machistes des jeunes révolutionnaires de Mai 68. « C'est vrai qu'en Mai 68, on n'a pas vu vraiment de figures féminines émerger. Le trio Cohn-Bendit-Geismar-Sauvageot marque le mouvement alors que nombre d'étudiantes y participent. » Elle admet que les chefs syndicaux sont la plupart du temps des hommes, mais nombre de femmes jouent des rôles importants dans le syndicalisme d'entreprise. Au Crédit lyonnais, elles sont d'ailleurs plus nombreuses que les hommes et doivent supporter des écarts de salaire et d'évolution de carrière. Dès ces années-là, l'égalité salariale ou l'obtention de jours de congé pour le père ou la mère lorsque l'enfant est malade font partie du combat syndical et politique d'Arlette Laguiller. Mais, au cœur de son engagement, il y a la question de la contraception et de l'avortement. En 1973, elle appartient au bureau national du Mouvement de libération de l'avortement et de la contraception

(MLAC), qui milite aussi pour la prise en charge de l'IVG par la Sécurité sociale.

Arlette Laguiller revendique son engagement féministe « dans la mesure où l'on ne peut pas être marxiste sans être féministe ». L'égalité des hommes et des femmes « doit être réelle dans tous les domaines : sur le plan salarial, au niveau de l'éducation des enfants, de la féminisation de la vie politique... » Toutefois, contrairement à d'autres militantes, elle ne place pas le combat féministe devant le combat de classe. L'un et l'autre sont, pour elle, étroitement imbriqués mais le premier reste toutefois subordonné au second.

Arlette Laguiller devient populaire lorsqu'elle prend la tête de la grève du Crédit lyonnais, qui va durer de février à avril 1974. Le mouvement ne tarde pas à gagner d'autres banques qui, peu à peu, vont céder devant les revendications concernant des augmentations de salaire et de meilleures conditions de travail. Les syndicalistes révolutionnaires de LO sont les derniers à reprendre le travail, avec le sentiment d'avoir dans l'ensemble obtenu satisfaction. Au cours de cette grève survient la mort du président Georges Pompidou et une élection présidentielle est organisée. Arlette Laguiller, déjà porte-parole de LO aux législatives de 1973, devient la candidate du parti à l'élection présidentielle de 1974. Elle déclare alors : « Oui, je suis une femme, et j'ose me présenter comme candidate à la présidence de cette république d'hommes. »

La candidature d'Arlette Laguiller, qui fait écho au mouvement féministe qui agite la société depuis le début des années 1970, contribue pour une part à ce que la république giscardienne nomme des femmes dans son gouvernement et confie à Françoise Giroud un secrétariat d'État chargé de la condition féminine. Pour la première fois, souligne Arlette Laguiller, on parle des problèmes des femmes dans une campagne présidentielle. « Il y a eu finalement assez peu de réflexions sur le fait que je sois une femme. Il y en avait plus parce que j'étais une employée de banque, une femme travailleuse. [...] Certains me regardaient avec un petit peu de moquerie ou de paternalisme. »

Elle considère que cela procède d'un certain mépris que de penser que les femmes ne peuvent s'intéresser qu'aux domaines du social, de l'enfance, de la famille ou du cadre de vie. Alors que les préoccupations de la population en matière politique se rattachent souvent à ces problèmes, ceux-ci ne font pourtant jamais partie des priorités en politique. Cependant, les choses changent peu à peu, constate-t-elle, puisqu'en 2007 une femme est devenue ministre de l'Intérieur – Michèle Alliot-Marie, qui était auparavant ministre de la Défense, de 2002 à 2007.

Arlette Laguiller n'établit aucune différence entre la capacité des femmes à se mobiliser et celle des hommes. Les femmes ne font pas vraiment de la politique autrement. Elles ont montré, dans de nombreux domaines, qu'elles sont capables d'exercer des responsabilités et qu'elles peuvent être quelquefois aussi dures que les hommes. « Cela dit, précise-t-elle, tout est faussé par le fait qu'il n'y a quand même pas tellement de femmes en politique. De ce fait, on ne saura vraiment si les femmes ont d'autres pratiques en politique que le jour où il y aura autant de femmes, sinon plus, que d'hommes dans les institutions, dans les organisations, dans les partis, à exercer des responsabilités. »

A priori, selon Arlette Laguiller, la pratique du pouvoir n'a pas de sexe. Elle ne pense pas que les femmes puissent renouveler la politique en l'assainissant. Elle n'est pas une adepte des « femmes rédemptrices » et n'admet pas que, pour se faire accepter dans un milieu d'hommes, il faille pour les femmes renoncer à leur féminité. « Ou vous vous habillez comme un homme et alors là vous n'êtes plus vraiment une femme, ou vous vous habillez comme vous avez envie de vous habiller, y compris avec des talons, des jupes courtes et tout ce que vous vous voulez, et là ce n'est pas très bien pour la fonction. On n'est pas encore sorti de cela dans notre société. [...] Il y a beaucoup de chemin encore à parcourir, même si il y a des lois qui obligent à la parité. »

D'abord réticente envers la loi sur la parité, elle se rallie à cette proposition dans la mesure où elle pense que cela peut aider les femmes de tous les partis. « Malgré l'inscription de ce principe dans la Constitution, les organisations politiques trouvent toujours les moyens de contourner cette obligation en payant, par exemple, des amendes ou en plaçant des femmes sur les listes sans leur confier de responsabilités importantes une fois le conseil municipal élu. « Cela ne règle pas vraiment tous les problèmes. On voit bien qu'il faut souvent que les femmes continuent à se battre à l'intérieur des partis. » LO s'est efforcé, aux niveaux internes et électoraux, de respecter la parité, mais il y a beaucoup moins de femmes que d'hommes qui militent. Selon Arlette Laguiller, le problème se situe en amont, puisqu'il est toujours plus difficile pour les femmes de s'engager et de militer, en raison notamment du non-partage des tâches quotidiennes et familiales. De manière générale, la société ne facilite pas la vie des femmes « et celles qui en pâtissent davantage appartiennent, comme toujours, aux milieux populaires ».

Pour sa part, Arlette Laguiller admet que le fait de ne pas avoir eu d'enfant lui a permis de se consacrer entièrement au militantisme. Après quarante-huit ans de politique et la « révolte intacte », Arlette Laguiller a toujours le virus du contact humain et du débat d'idées. « La politique, c'est tout le temps. » Elle n'a pas l'intention d'arrêter la politique, même si elle a promis que 2007 serait sa dernière campagne présidentielle.

Martine Legrand

Née en 1951. Première adjointe PS (Parti socialiste) de la mairie du Pré-Saint-Gervais depuis 1983.

« La politique c'est "il", ce n'est pas "elle." »

Martine Legrand est d'origine gervaisienne, ses parents et ses grands-parents sont nés dans cette ville à laquelle elle reste extrêmement attachée. Elle se souvient encore de son entrée en politique : elle militait depuis plusieurs années au sein d'associations caritatives lorsqu'un jour, le maire de la ville, Marcel Debarge, l'a prise à partie : « Ma petite, dans la vie, il ne suffit pas de faire traverser la rue aux aveugles... » Cette militante associative, à l'origine de l'ouverture de la bibliothèque municipale de sa commune, prend alors conscience que certaines batailles ne peuvent se tenir qu'au niveau national.

Elle décide donc de « clarifier » son engagement en adhérant au PS en 1976. En 1983, lors des élections municipales, Martine Legrand entre de plain-pied en politique en exigeant des responsabilités au sein du conseil municipal, et devient maire adjointe chargée de la vie associative aux côtés de Marcel Debarge et de Claude Bartolone.

Elle quitte alors ses fonctions de responsable de la bibliothèque du Pré-Saint-Gervais, avec un pincement au cœur parce que « c'était un peu mon enfant », précise-t-elle. « C'est un parcours ascensionnel, comme une évidence, j'ai bâti une évidence sur une autre. » Elle estime que ce fut une chance de ne pas avoir eu à jouer des coudes et à se battre pour obtenir de telles fonctions.

Entrée en politique par le biais de ses engagements associatifs, elle se définit elle-même comme une femme de terrain par opposition à une femme de parti : « Les tactiques d'état-major et les contours ou les détours qui font que, parfois, la politique prend un visage que je n'approuve pas, ce n'est pas mon truc. » Elle ne se désintéresse par pour autant de la réflexion idéologique, mais elle préfère travailler les questions théoriques à partir de son expérience du terrain.

À propos des mesures volontaristes destinées à promouvoir les femmes politiques à des postes de responsabilité, en particulier la législation paritaire, Martine Legrand estime « qu'il y a quelque chose d'artificiel. Mais cela reste une nécessité parce que, aujourd'hui encore, une femme doit se battre deux fois plus qu'un homme pour imposer ses idées. Il fallait imposer les femmes sur les listes, c'est finalement une bonne chose. La loi sur la parité est encore à parfaire, les sanctions financières peuvent également choquer, mais si on ne force pas la main, rien ne changera ».

D'après elle, tout le problème réside dans le fait de savoir « s'il faut changer les mentalités pour changer les structures, ou l'inverse. Le fait d'imposer des candidates aux élections a déjà permis que la féminisation de la vie politique entre dans les mœurs. Dans trente ans, le problème sera réglé et la génération suivante bénéficiera certainement de la parité. Les électeurs ne sont pas misogynes, même s'il y a toujours quelques personnes qui affirment faire davantage confiance à un homme qu'à une femme pour gouverner. C'est pourquoi, dans certains milieux, les femmes politiques sont considérées comme des extraterrestres. Tout est affaire de mentalité. Il s'agit de se délester d'un héritage profond qui, depuis des siècles, véhicule l'idée selon laquelle les femmes sont moins enclines à exercer le pouvoir».

L'entrée en nombre des femmes en politique n'a cependant pas encore totalement bouleversé les pratiques du milieu. «Quand une femme parle, note Martine Legrand, elle est toujours davantage regardée, brocardée et épinglée à la moindre défaillance.» Les femmes politiques demeurent sous surveillance et doivent encore faire la démonstration qu'elles sont compétentes pour exercer des responsabilités. Leur apparence physique et leurs tenues vestimentaires font également toujours l'objet de multiples commentaires.

Un mandat de sénatrice, comme celui de maire, ne lui déplairait pas, mais ce type de fonction oblige à faire un certain nombre de sacrifices, notamment concernant la vie familiale. Or, pour Martine Legrand, qui élève seule sa fille de treize ans, les responsabilités de maire sont incompatibles avec la gestion d'une maison et l'éducation d'un enfant: «J'ai mes limites. Je pense que je ne pourrais pas mener les deux de front. Parce que la politique est un monde dur, qui ne fait pas de cadeaux. Malgré la parité, des habitudes persistent, comme à propos des horaires des réunions. Combien de fois je rouspète et combien de fois je réagis lorsqu'une réunion convoquée à 19 heures ne commence jamais avant 19 heures 30 ! Quand vous arrivez chez vous une demi-heure plus tard, eh bien il y a toujours les tâches matérielles, le quotidien. Cela peut paraître une lapalissade de réagir ainsi, mais vie politique et vie familiale ne sont pas deux choses qui s'accordent bien ensemble. »

De ce fait, pour une femme, reconnaît Martine Legrand, faire de la politique nécessite une organisation rigoureuse et peut-être davantage de stress. Parmi toutes ces activités, il faut chercher un équilibre, d'autant, précise-t-elle, qu'en l'absence de véritable statut de l'élu, les élus intermédiaires comme elle conservent une activité salariée : « Ce ne sont pas mes indemnités de conseillère régionale ni d'adjointe au maire qui me permettent de vivre. Vous imaginez, mère de famille, salariée et élue ! Personne ne m'a mis la corde au cou, mais c'est vrai que ce n'est pas facile. »

Est-ce pour cette raison que les femmes font de la politique autrement ? « Au départ, les hommes et les femmes sont différents : notre histoire, notre cheminement, nous ont donné d'avoir cette expression différente, même si, à la base, les idées, bien évidemment, sont identiques. » Selon Martine Legrand, les femmes politiques sont donc « moins tueuses ». Elles courent moins après le pouvoir et sont plus enclines à s'intéresser au terrain et aux rapports humains. Cela ne signifie cependant pas que les femmes doivent être cantonnées dans des rôles de mères et d'assistantes sociales. Pour l'instant, les femmes sont moins carriéristes que les hommes parce qu'elles sont moins « professionnalisées », mais Martine Legrand ne se fait pas trop d'illusions : « La parité, qui est censée ouvrir les portes de la politique à davantage de femmes, risque aussi de réveiller des esprits de conquête, et les femmes exerceront malheureusement la politique de la même manière que les hommes. »

Martine Lehideux

Née en 1933. Députée européenne Front national (FN) de 1984 à 1994. Conseillère régionale d'Île-de-France depuis 1992.

> «Lorsque je suis devenue présidente du groupe Front national de la région Île-de-France, un des élus m'a dit un jour: "Cela me gêne un peu d'avoir une présidente femme." Je lui ai répondu: "Dans quelques mois, tu auras changé d'avis." Il suffit de montrer qui on est.»

Martine Lehideux est issue d'une famille qui s'est toujours intéressée à la politique. Son oncle, François Lehideux, fut secrétaire d'État à la Production industrielle sous le régime de Vichy. Il quitte ce poste au retour de Pierre Laval en avril 1942. À la Libération, il est arrêté, emprisonné, puis libéré en 1946, et travaille après la guerre pour la société Ford. Pétainiste convaincu, il a présidé l'Association de défense de la mémoire du maréchal Pétain. Martine Lehideux fait donc également partie, par héritage, de la tradition d'extrême droite. Son premier souvenir politique remonte à l'automne hongrois de 1956. Foncièrement anticommuniste, elle descend dans la rue avec son père pour manifester contre l'entrée des chars russes à Budapest.

Sa rencontre avec Jean-Marie Le Pen se fait par l'intermédiaire de son mari, André Dufraisse. Ancien ouvrier, militant CGT (Confédération générale du travail), André Dufraisse opte finalement pour la droite fasciste lorsqu'il adhère au Parti populaire français (PPF) de Jacques Doriot puis, pendant la guerre, à la Légion des volontaires français (LVF). Il s'engage alors sur le front de l'Est sous l'uniforme allemand. En 1956, il devient secrétaire général du mouvement de jeunesse de l'Union des commerçants et des artisans (UDCA) de Pierre Poujade, présidé à l'époque par Jean-Marie Le Pen. Il rejoint par la suite le Front national de l'Algérie française en 1960 et est l'un des cofondateurs du Front national (FN) en 1972.

Martine Lehideux est typiquement une « femme de... », elle fait partie des premières militantes du FN car elle y entre aux côtés de son mari. Elle considère que le mouvement était à l'origine très masculin, composé des anciens de l'Algérie française et de ceux du mouvement Poujade, mais que, aujourd'hui, « le FN a suivi le mouvement naturel de la société en se féminisant peu à peu ». Militante dévouée et respectée, elle figure sur la liste « Front d'opposition nationale pour l'Europe des patries », conduite par Jean-Marie Le Pen aux élections européennes de 1984. Martine Lehideux, qui n'a pas sollicité cette place, est élue. À cette époque, l'extrême droite renaît de ses cendres avec la popularisation des thèmes de l'immigration et de l'insécurité. En neuvième position sur la liste, elle se souvient que beaucoup de militants la rassurent en lui disant : « Ce n'est pas grave, de toute façon, tu ne seras pas élue. » Peu de temps auparavant, Martine Lehideux a quitté son travail pour se consacrer entièrement au FN. Elle devient alors la collaboratrice directe de Jean-Marie Le Pen, « sa secrétaire en quelque sorte ».

En 1985, cette militante catholique fonde le Cercle national des femmes d'Europe, une organisation affiliée au Front national qui défend la famille, milite contre « la drogue et la pornographie » et pour l'abrogation des lois sur l'IVG et le PACS. La famille est ici considérée comme le socle de l'identité nationale : Martine Lehideux entre en politique pour combattre les principaux thèmes et les principales actions des militantes féministes. En tant que femme, cette « contradiction ne [la] choque pas », puisqu'elle se dit « en accord total avec [ses] convictions ». Il s'agit donc pour elle de s'adresser aux femmes pour qu'elles mènent des actions de sauvegarde de l'entité familiale, que le FN estime en perdition. L'opération de recrutement fonctionne plutôt bien puisqu'un certain nombre de femmes, souvent catholiques, adhèrent par ce biais au FN. Martine Lehideux ne perçoit pas d'incompatibilité entre ce discours de défense de la famille, qui veut favoriser le retour des mères au foyer, et le fait d'inciter certaines femmes à militer et à devenir peu à peu des candidates du FN aux différentes élections. Elle donne volontiers l'exemple de Marine Le Pen, mère de famille et candidate à la succession de son père. Pour sa part, elle n'a pas eu d'enfant pour des raisons de santé, mais elle pense que si elle en avait eu au moment où elle a été élue députée européenne, elle aurait refusé le poste « car l'éducation des enfants [lui] semble prioritaire ».

Candidate pour la première fois aux élections législatives de 1973, Martine Lehideux se lance dans le combat politique, mais n'a jamais rien revendiqué au sein du FN, ni forcé les portes pour acquérir davantage de responsabilités. Elle essaie, dit-elle, de se faire connaître par sa sympathie ou par son charme. Elle reconnaît toutefois avoir été soutenue par son mari, qui appartient au groupe des fidèles du premier cercle. Après le décès de celui-ci en 1994, Martine Lehideux est une « veuve de… ». Elle devient secrétaire départementale de la fédération FN à Paris et vice-présidente du parti. Aux élections municipales de 1995, elle provoque une triangulaire dans le XXe arrondissement de Paris en atteignant un score de presque 12 % au premier tour. En 1999, elle est par contre reléguée au douzième rang de la liste des européennes et n'est donc pas réélue. En 2002, avant l'élection présidentielle, elle échoue à collecter les 500 parrainages nécessaires et est déchargée de cette mission au profit de Carl Lang.

Depuis les années 1990, elle n'est plus la seule femme à siéger au bureau politique, avec Marie-France Stirbois, disparue en 2006, ou Myriam Baeckeroot. La relève est désormais incarnée par la fille du leader du FN, Marine Le Pen. Martine Lehideux se souvient que, à un moment donné, il est apparu nécessaire à l'organisation de faire entrer quelques femmes parmi ses cadres. Le FN était toutefois très réservé concernant la parité : « On préférait que les femmes s'imposent d'elles-mêmes par les qualités qui étaient les leurs. Je dois dire que maintenant, malgré certains qui aiment en plaisanter, le fait que des femmes occupent des responsabilités importantes n'est pas quelque chose d'anormal au Front national. On considère même cela comme particulièrement acceptable et souhaitable. » Aux élections législatives de 2007, le FN peut même se vanter d'avoir été l'un des rares partis à respecter la parité.

Martine Lehideux participe volontiers aux campagnes électorales. Timide à ses débuts, elle a pris par la suite de l'assurance et un certain plaisir à rencontrer les gens et à discuter avec eux. La prise de parole, dans des assemblées d'hommes, ne lui a jamais posé de problème, dans la mesure où elle prépare soigneusement ses dossiers. À la tête de la fédération FN de Paris, par exemple, « on m'appelait "chef", alors je pense que je n'ai pas eu de problèmes d'autorité ! »

D'après elle, les femmes ne font pas de la politique de manière différente : « Je les trouve toutes aussi courageuses, dynamiques, brillantes, intelligentes. On dit même que les femmes réussissent mieux que les hommes aux examens, alors ! » D'après elle, les électeurs sont plutôt contents d'avoir affaire à une candidate. Cela dit, tient-elle à préciser : « Je ne crois pas que c'est parce que je m'appelle Martine et que je suis une femme que les gens vont voter pour moi ! »

Annick LEPETIT

Née en 1958. Adjointe à la mairie du XVIIIe arrondissement de Paris auprès de Daniel Vaillant. Députée socialiste de la 17e circonscription de Paris depuis 1997. Maire du XVIIIe arrondissement de Paris en remplacement de Daniel Vaillant (2001-2003).

> « Ce qui est dur en politique, pour les hommes et les femmes, mais plus encore pour ces dernières, c'est que les moments où l'on travaille le plus sont le soir et le week-end, parce qu'il s'agit des moments où l'on peut voir nos concitoyens. »

Annick Lepetit s'engage en politique au milieu des années 1980. Licenciée d'histoire et diplômée du Centre de formation et de perfectionnement des journalistes (CFPJ), elle intègre le service de presse du Parti socialiste (PS) en 1982 auprès de Bertrand Delanoë, puis adhère à la section de la Goutte d'Or en 1985, dirigée par Lionel Jospin et Daniel Vaillant.

Trop jeune pour participer à Mai 68, Annick Lepetit garde en tête certaines images vues à la télévision. L'événement reste pour elle un moment fondamental, notamment à travers le mouvement initié par les féministes. Elle se souvient très bien des manifestations et des débats qui accompagnèrent la loi sur l'avortement : le combat de Simone Veil à l'Assemblée nationale, en 1974, ou celui de Gisèle Halimi lors du procès de Bobigny en 1972. « Ce sont des figures importantes qui ont œuvré pour la liberté et l'autonomie des femmes. » L'arrivée d'un certain nombre de femmes au sein du gouvernement dirigé par Lionel Jospin en 1997 montrait aussi, selon elle, que, pour la première fois, les femmes pouvaient occuper des postes importants au sein d'un gouvernement. Auparavant, la nomination d'Édith Cresson au poste de Première ministre avait déjà constitué un symbole très fort.

Si Annick Lepetit n'a pas milité dans des associations féministes, elle reconnaît le rôle déterminant joué par ses animatrices : la revendication de certaines libertés pour les femmes dans un des pays où le taux d'activité féminine et le taux de fécondité sont les plus importants d'Europe. La question des discriminations à l'encontre du travail des femmes est aussi un problème majeur. Ce sont elles qui ont les emplois les plus précaires, et Annick Lepetit a toujours été frappée de voir que les communiqués mensuels sur les chiffres du chômage soulignent presque systématiquement le chômage des jeunes ou celui des plus de cinquante ans mais n'abordent pas la question en terme de genre. Même au PS, on ne parle pas assez du chômage des femmes, ni de leur situation de précarité renforcée sur le plan de l'emploi. « De ce fait, le combat pour l'égalité est loin d'être terminé. »

À l'université de Jussieu, en histoire, elle fréquente le milieu gauchiste. Lorsque la gauche arrive au pouvoir en

1981, elle pense «qu'il ne va plus être nécessaire désormais d'aller manifester dans la rue pour réclamer ou s'opposer». Elle entame une réflexion sur ce qu'est le pouvoir, la responsabilité en politique, fait l'apprentissage, d'une certaine manière, du compromis et de la discussion. En tout état de cause, elle entre au PS au début des années 1980 pour y travailler. Le poste qu'elle occupe lui convient, puisqu'elle se trouve dans un milieu politique de gauche et s'occupe dans le même temps de ce qui l'intéresse, c'est-à-dire l'actualité, en tant que responsable de la revue de presse audiovisuelle. En 1985, elle prend sa carte au PS dans la section Goutte d'Or. Poursuivant sa formation dans les métiers de la communication, Annick Lepetit travaille à l'informatisation du service documentation d'une association et exerce également différentes fonctions dans un cabinet ministériel de gauche. À cette époque, la jeune femme n'a ni le projet, ni l'ambition de devenir une élue. C'est lors des élections municipales de 1995, lorsque Daniel Vaillant l'invite à figurer sur sa liste dans le XVIIIe arrondissement de Paris, que l'idée survient. Elle se souvient d'ailleurs qu'au gré des tractations avec le Parti communiste (PC), son nom descend en treizième position dans la liste. Le PS emporte finalement la mairie du XVIIIe arrondissement de Paris et le nouveau maire lui propose de devenir la deuxième adjointe chargée de la vie associative et de la démocratie locale.

Les fonctions d'élue municipale l'enchantent, même si elle remarque qu'il est difficile de cumuler un tel mandat politique avec un emploi à plein temps. À la demande de

Lionel Jospin, elle revient au PS pour diriger le service de presse du parti en 1996. En 1997, elle est choisie par les militants pour devenir la candidate aux législatives de la 17e circonscription de Paris. En plein contexte paritaire, le PS, dirigé par Lionel Jospin, souhaite présenter davantage de femmes aux élections. Annick Lepetit se souvient des débats ouverts sur cette question au sein même du PS, notamment entre Élisabeth Badinter et Sylviane Agacinsky. Dans cette logique, il est décidé que l'ancien candidat de cette circonscription sera remplacé par une femme. Annick Lepetit ajoute que « cela ne se bousculait pas beaucoup au parti pour venir être candidat dans une telle circonscription, traditionnellement ancrée à droite », d'autant qu'il s'agissait d'organiser une campagne électorale éclair, les élections devant avoir lieu un an avant l'échéance officielle. Annick Lepetit fait partie des 43 femmes socialistes élues, sur un groupe de 250 députés.

Celle-ci a conscience d'avoir bénéficié du mouvement « profemme » en politique, initié à la fin des années 1990. Selon elle, limiter le cumul des mandats peut en partie apporter une solution au problème du manque de femmes en politique. Mais la question de fond se situe davantage au niveau de la représentativité en général, et pas uniquement celle concernant les femmes, même si elles ne sont pas une minorité comme les autres. L'Assemblée nationale manque également de diversité culturelle, sociologique et générationnelle. « Il y a d'énormes résistances qui ne cesseront pas sans une volonté politique, c'est-à-dire sans imposer des règles contraignantes aux partis. » Les blocages se situent en haut de la hiérarchie et aussi au niveau des élus locaux, qui veulent choisir eux-mêmes leur successeur et ne pas se laisser imposer d'autres candidats par le sommet de l'appareil.

Annick Lepetit reconnaît que les femmes ont tendance à hésiter lorsqu'on leur propose d'être candidate, parce qu'elles craignent de ne pouvoir assumer un engagement politique en plus de leur vie professionnelle et familiale. Comment se libérer le soir et les fins de semaine pour faire de la politique ? Souvent, le choix de s'occuper de leurs enfants prime ou elles n'osent pas demander à leur conjoint de prendre davantage de responsabilités dans l'éducation des enfants et la gestion des tâches du quotidien. C'est pourquoi, remarque Annick Lepetit, les femmes assument souvent des responsabilités politiques une fois leurs enfants partis. Elle a réfléchi avec d'autres, au sein du PS, sur ces questions de la répartition du travail domestique qui bloque l'entrée des femmes en politique.

La candidate aime les campagnes électorales parce qu'il s'agit d'un temps court, bien défini et extrêmement intense. « On sait à quel moment elles commencent et on sait à quel moment elles s'arrêtent ! » Ce sont des moments privilégiés de rencontre avec les concitoyens, « parce que ceux-ci vous interpellent davantage, n'hésitent pas à venir vous voir pour discuter de leurs problèmes ». Elle passe du temps à écouter les requêtes des uns et des autres, à piocher des idées dans ce qui se dit lors des réunions publiques tous les soirs. Par ailleurs, la campagne électorale est l'un des moments où l'on parle le plus politique parce qu'il y a des débats publics. Si en politique les femmes sont davantage sur le terrain et à l'écoute, c'est parce que, culturellement, elles s'occupent davantage des enfants et du lien social dans la famille.

D'après elle, les électeurs ne sont pas misogynes. Elle n'a jamais ressenti d'hostilité ou de méfiance de leur part au motif qu'elle était une femme. En revanche, au sein de l'appareil politique, dès qu'une femme commence à gravir les marches, à avoir certaines ambitions, les hommes s'en méfient. Cela dit, Annick Lepetit ne tient pas à adopter une position de victime, précisant qu'une importante rivalité existe aussi entre les hommes du parti. Simplement, les femmes doivent obtenir l'égalité de traitement et l'égalité des chances « parce que c'est un droit ». Il s'agit d'être dans la proposition politique pour « qu'elles ne soient plus des victimes et que leur entrée en politique soit massive ». Dans ce contexte, les mesures comme la loi sur la parité lui paraissent essentielles et elle continue de militer en leur faveur.

Selon Annick Lepetit, les formes d'intimidation sexiste sont souvent implicites. En revanche, la question de la parole en politique reste caricaturale. Les femmes du parti finissent même par en rire entre elles. Dans les meetings ou les réunions d'état-major, on s'aperçoit que les femmes prennent beaucoup moins la parole que les hommes. Ces derniers ont compris qu'il faut se distinguer dans les instances internes de l'organisation. La parole est une forme de pouvoir et, si le chef de tel ou tel courant n'intervient pas, ses colistiers lui reprocheront de ne pas s'imposer suffisamment au sein du parti. D'ailleurs, il s'agit souvent, note Annick Lepetit, de « parler pour ne rien dire », mais c'est une règle implicite imposée par le rôle de chef de clan. Or, les femmes ne sont pas à la tête de courants au PS. Ségolène Royal s'est imposée par l'extérieur et Martine Aubry a toujours eu quelques appréhensions à entrer dans l'appareil et s'atteler à y prendre une place importante.

« Un pied dedans, un pied dehors, ce n'est pas suffisant. Il faut prendre les postes-clefs. Ces postes ne sont jamais donnés à des femmes qui ne les revendiquent pas suffisamment, parce qu'elles savent que ce genre d'attributions prend énormément de temps : passer des heures de réunions à négocier, à être dans la tactique politique. » Même à Paris, où les militantes sont les plus nombreuses, peu de femmes sont secrétaires de section. Faire de la politique, pour Annick Lepetit, « c'est comprendre que la vie ne s'arrête jamais, parce qu'il faut toujours réfléchir, ne jamais se reposer sur ses lauriers ni cultiver ses échecs ». C'est aussi l'une des rares fonctions, ajoute-t-elle, où l'on peut rencontrer des gens très différents, de tous les milieux, de toutes les nationalités, de toutes les religions, de toutes les sensibilités. « La politique est un échange, puisque l'on essaie de faire partager ses idéaux, mais aussi ses doutes, avec les concitoyens. »

Hélène Luc

Née en 1932. Sénatrice communiste du Val-de-Marne (1977-2007) et présidente du groupe communiste au Sénat (1978-2001).

> « Pour qu'une femme arrive à de hautes responsabilités, il faut qu'elle fasse beaucoup plus que les hommes. C'est comme ça. »

Fille d'un antifasciste italien émigré en France, Hélène Luc est issue d'un milieu familial très politisé. Son père, syndicaliste et membre du Parti communiste (PC), participe à la Résistance avec deux de ses sœurs, qui appartiennent à la Main-d'œuvre immigrée (MOI) – l'organisation communiste qui assure l'encadrement des militants communistes étrangers et qui, à partir de 1942, mène une lutte armée contre l'occupant allemand et les collaborateurs français. Mineur de profession, la silicose contraint ce militant à cesser le travail. À dix-sept ans, Hélène Luc est donc obligée de quitter l'école pour subvenir à ses besoins. Elle trouve un emploi comme ouvrière du textile à Saint-Étienne. Elle souhaitait pourtant devenir enseignante et aurait pu bénéficier d'une bourse pour intégrer l'École normale des instituteurs, puisqu'elle était major du certificat d'études de la Loire. Personne ne lui a signalé à l'époque cette possibilité et elle entreprend une formation de sténodactylo pour apprendre un métier, en cours du soir.

Dès le lycée, Hélène Luc s'implique au sein de l'Union des jeunes filles de France (UJFF), l'une des organisations de masse du Parti communiste. Elle participe à sa première grande manifestation pour protester contre la mort de deux mineurs à Saint-Étienne lors des grèves de 1947. Elle s'en souvient comme d'un moment historique : elle revoit toujours Théo Vial-Massat, ancien résistant et militant communiste, qui deviendra le maire de Firminy en 1971, monter sur l'un des chars de l'armée pour faire signe aux militaires de ne pas tirer sur les manifestants.

Au début des années 1950, Madeleine Vincent, qui est à la tête de l'UJFF depuis la Libération, lui propose de diriger la section départementale de l'organisation. Hélène Luc hésite avant d'accepter, parce qu'elle n'est « pas sûre de pouvoir assumer de telles responsabilités ». Dans le cadre de ce mouvement, elle participe à la lutte contre la guerre en Indochine puis contre la guerre d'Algérie et le départ des jeunes appelés. Satisfait de son travail, l'appareil communiste lui propose de venir travailler à Paris au sein du comité national de l'UJFF. Deux ans plus tard, elle devient la secrétaire nationale du mouvement. C'est à cette période qu'elle rencontre son mari, Louis Luc, un ancien résistant devenu attaché parlementaire de Maurice Thorez, puis rédacteur à *Ce Soir* et à *L'Humanité*, qui sera élu en 1979 maire de Choisy-le-Roi. Hélène Luc lui voue une « grande admiration » et considère qu'il l'a beaucoup aidée à poursuivre ses activités politiques à un haut niveau. Grâce à lui et à sa belle-mère, elle a pu concilier vie familiale et responsabilités politiques.

En 1962, à trente ans, elle quitte l'UJFF, laissant sa place à Gisèle Moreau. Le parti lui propose alors de devenir instructrice des cadres communistes en Seine-Maritime. Hélène Luc refuse cette nomination, préférant élever ses enfants et rester près de son mari, très impliqué alors dans la vie politique de Choisy-le-Roi. Elle devient finalement secrétaire de la section communiste de sa ville, puis conseillère générale du Val-de-Marne en 1967. Une fois encore, elle hésite, parce qu'elle craint qu'il ne s'agisse de fonctions trop administratives. Georges Marchais, qui milite à l'époque dans sa section, la convainc d'accepter: «Tu veux qu'il y ait des femmes! Alors accepte.» Ainsi, peu à peu, Hélène Luc gravit les échelons de la hiérarchie au sein du PC. Elle est élue présidente de la commission des Affaires culturelles, sportives et de l'Enseignement, puis conseillère générale d'Île-de-France en 1975. Aux élections sénatoriales de 1977, le parti souhaite absolument présenter des femmes. Hélène Luc accepte d'être candidate dans une élection soit disant «perdue d'avance». À son grand étonnement, elle est élue. Elle démissionne aussitôt de son poste de conseillère générale parce qu'elle est contre le cumul des mandats.

Lors de la reconduction de la loi Veil en 1978, Hélène Luc milite en sa faveur au Sénat: «On a assisté à quelque chose de terrible. J'ai entendu des réflexions du type "les femmes, c'est fait pour avoir des enfants", ou "les femmes, ce n'est pas fait pour travailler". Cela a duré trois jours et trois nuits. Alain Poher, qui présidait alors le Sénat, me disait: "Vous êtes une lionne". Oui, une lionne, parce que mon combat était déjà très ferme. Je me suis dit que les femmes avaient vraiment raison de se battre pour avoir leur indépendance économique, politique, intellectuelle. »

Au lendemain de la conférence mondiale sur les femmes à Pékin en 1995, Hélène Luc milite pour la mise en place d'une commission de réflexion au Sénat sur la place des femmes dans la vie publique. Relativement favorable à l'inscription du principe de parité dans la Constitution, elle est en revanche plus réservée à l'égard d'un système de contraventions pour les partis qui ne respectent pas la loi.

D'après elle, les femmes ont des pratiques différentes en politique en raison du rôle spécifique qu'elles jouent dans la famille, dans l'économie ou dans la vie culturelle et l'enseignement. Les femmes ont par exemple une manière particulière d'exprimer publiquement leurs idées en politique: elles auraient «moins la langue de bois. Quand j'écrivais mes circulaires électorales, j'avais des problèmes dans ma circonscription parce qu'on me reprochait de ne pas dire des "choses politiques". Moi, j'avais le sentiment que ce que je disais avait au contraire une grande signification politique. C'était simplement dit avec d'autres mots que ceux choisis par les hommes».

Adrienne Maire

Née en 1909, décédée le 22 janvier 2008. Adjointe communiste chargée des affaires sociales à la mairie de Montreuil (1947-1977). Conseillère générale de la Seine puis de la Seine-Saint-Denis (1953-1976).

> « La première fois que je suis allée voter, c'était en 1945. Je tremblais parce que je me disais : "Depuis le temps qu'on le demandait, ça y est, on y va." Je sortais d'une maladie, mais je serais allée voter sur les genoux. Cela en valait la peine. »

Le parcours politique d'Adrienne Maire s'identifie à l'histoire d'une ville, Montreuil, cité populaire et longtemps bastion communiste. Née dans une famille modeste, elle commence à travailler dès l'âge de douze ans dans une usine de tricot de la commune. Elle se marie en 1929 avec un sympathisant communiste, qui lui fait découvrir *L'Humanité*. Lors d'une réunion au cours de laquelle le leader communiste de Montreuil, Daniel Renoult, appelle les habitants à rejoindre les rangs du parti, Adrienne Maire convainc son mari de s'engager. Ils adhèrent donc tous deux au Parti communiste (PC) en 1932. Elle commence une vie militante particulièrement active : réunions, distributions de tracts ou débats politiques. En

1935, quand les communistes gagnent les élections municipales, Adrienne Maire bénéficie d'un emploi au sein du comité de chômeurs de la mairie, pour lequel elle réalise des enquêtes sociales. Ces premières années de militantisme sont marquées par la montée des fascismes en Allemagne et en Italie, l'avènement du Front populaire en France et la guerre d'Espagne. Au sein de l'Union des jeunes filles de France (UJFF), elle s'occupe de l'accueil des enfants espagnols réfugiés en France et de collectes d'argent et de médicaments pour venir en aide aux républicains espagnols.

Après la déclaration de guerre, en septembre 1939, alors que le Parti communiste devient clandestin, nombre de ses adhérents sont poursuivis. Adrienne Maire figure sur la liste des militants recherchés par la police. La direction du parti la fait déménager dans Paris, mais elle est retrouvée et arrêtée en juin 1940. Elle parvient à s'échapper avec des camarades résistants et à revenir à Montreuil en août 1940, après la signature de l'armistice. Elle prend alors contact avec la Résistance et devient agent de liaison. Lorsque son mari rentre, en octobre 1940, tous deux s'installent dans le XIIe arrondissement de Paris. Elle accouche d'un fils l'année suivante, en 1941, et est à nouveau incarcérée à La Roquette avec son bébé âgé d'un mois. Elle sort de prison en 1942 et continue ses activités de résistante. En 1944, elle participe aux combats de la Libération et reprend son travail à la mairie de Montreuil.

Les femmes obtiennent le droit de vote et d'éligibilité par ordonnance au lendemain de la guerre. Adrienne

Maire se souvient de son premier vote, en 1945, comme d'un événement. Aux municipales de 1947, Daniel Renoult est réélu maire de Montreuil. Adrienne Maire, qui figure sur sa liste, devient adjointe au maire chargée des affaires sociales. Elle n'a pas sollicité cette place, c'est le PC qui en a décidé ainsi. Peu de femmes sont présentes à ses côtés et les rares qui s'y trouvent s'occupent du social : « À l'époque, c'était comme cela », remarque-t-elle. Adrienne Maire exerce des responsabilités dans le domaine des crèches, des dispensaires et des colonies de vacances. Elle va ainsi travailler pour tout ce qui concerne la jeunesse et l'enfance à Montreuil pendant trente ans. Au sortir de la guerre, elle s'occupe également de la section locale de l'Union des femmes françaises (UFF), organisation de masse du PC, qui se mobilise entre autres contre les guerres coloniales, en Indochine, au Vietnam et en Algérie.

Adrienne Maire se sent plutôt à l'aise parmi les hommes qui, d'après elle, « ne faisaient pas de différence ». Elle se souvient toutefois que certains camarades masculins auraient bien souhaité prendre sa place quand elle est devenue conseillère générale. Elle n'aime pas particulièrement prendre la parole parce qu'elle « a quitté l'école très jeune et préfère aller vendre *L'Humanité* dans la rue ou coller des affiches ». Adrienne Maire et son mari sont donc très actifs dans la commune et au sein du Parti communiste : « Nous avions moins de réunions que maintenant, mais nous finissions très tard le soir, alors on s'arrangeait. » Avec un enfant, les choses étaient un peu plus compliquées. Le couple s'entraidait pour tout ce qui concernait l'organisation du quotidien et une jeune fille venait souvent garder leur fils à la maison. Adrienne Maire n'a jamais culpabilisé de cette situation. Son engagement était passionné, instinctif et militant. Elle voulait agir, moins en femme qu'en communiste, et elle considère « normal » que ce soit le parti qui ait décidé de sa carrière.

Hélène MISSOFFE

Née en 1927. Députée de Paris UDR (Union des démocrates pour la République) puis RPR (Rassemblement pour la République) de 1974 à 1977 puis de 1978 à 1986. Secrétaire d'État auprès du ministre de la Santé en 1977-1978. Vice-présidente du conseil régional d'Île-de-France (1981-1986). Réélue députée du Val-d'Oise en mars 1986, elle cède son siège à Jean Bardet la même année.

> « Quand j'étais plus jeune, dans les années 1975, il y avait un spécialiste de la vie politique, qui n'était pas du tout de droite, et s'appelait Maurice Duverger. Il avait, me semble-t-il, énoncé le problème d'une manière très simple : donner une place à une femme, c'est l'enlever à un homme. »

Hélène Missoffe est une « femme de... » qui doit son entrée en politique à son mari, François Missoffe, ancien député de Paris. Elle est sa suppléante et en vient à le remplacer ponctuellement. En 1974, celui-ci lui cède son siège lorsqu'il abandonne la politique. À quarante-sept ans, elle entame alors une carrière politique qui va durer vingt-deux ans.

Dans sa famille, la politique était une passion, mais « c'était franchement masculin ». Elle raconte à ce propos une anecdote: «J'étais députée et je prenais un repas chez mes parents. On parlait politique et l'on demande à mon mari ce qu'il en pense. Il éclate de rire en disant: "Mais c'est quand même elle qui est au Parlement et vous ne lui demandez pas son avis". J'étais en train de penser la même chose et je me disais: ils sont quand même très machos.» Si, durant sa jeunesse, Hélène Missoffe s'intéresse à la politique, elle ne pense pas à s'y impliquer de manière active. «J'aurais aimé faire du droit, mais je me suis mariée à dix-neuf ans et j'ai suivi mon mari en Hollande. Mon mari, la loi, cela l'embêtait. Il aimait l'exécutif, les responsabilités, les rapatriés, le sport…» Membre de l'UDR, puis du RPR à partir de 1976, Hélène Missoffe préfère le travail parlementaire au travail de parti. Elle a été secrétaire nationale de l'action féminine en 1975, puis déléguée nationale chargée des affaires sociales, familiales et culturelles de l'UDR. Elle est nommée secrétaire d'État auprès du ministre de la Santé et de la Sécurité sociale dans le gouvernement de Raymond Barre, en 1977, qui comprend alors six femmes, dont Françoise Giroud, Simone Veil, Christiane Scrivener et Alice Saunier-Séïté.

Comme beaucoup de femmes de députés, elle aide son mari quand celui-ci est submergé par le travail de représentant ou malade. Elle connaît donc bien la circonscription et les sujets traités. Elle le remplace au Parlement un 31 juillet 1974 ce qui lui permet, précise-t-elle, «de travailler la Constitution et les textes de loi durant tout le mois d'août». Au mois de septembre 1974, avant la rentrée parlementaire, elle se sent prête, même si elle est un peu inquiète parce que, d'une part, elle n'a pas été personnellement élue et que d'autre part, elle est mère d'une famille nombreuse composée de huit enfants: l'aînée est mariée mais son dernier a alors huit ans.

Comme son mari, elle milite à l'UDR et fait figure, dans ce parti, de femme alibi: « Je me suis vue une ou deux fois seule sur l'estrade au milieu de messieurs, très sympathiques d'ailleurs, députés ou autres, mais, pour dire la vérité, cela m'exaspérait. Car il fallait toujours que l'un ou l'autre se vante d'avoir une femme qui ne parlait pas trop mal en public, qui était dégourdie, ce qui lui permettait justement de ne pas avoir à en chercher d'autres. Et cela m'agaçait. » Elle n'a jamais ressenti le moindre complexe d'infériorité vis-à-vis de ses électeurs ou des citoyens de sa circonscription. Au Parlement, elle n'a pas éprouvé non plus l'hostilité de ses collègues, sauf qu'ils avaient fâcheuse tendance à « traiter les femmes comme leurs collaboratrices ». Hélène Missoffe se charge alors de leur rappeler, en plaisantant, qu'elle est leur collègue, « une élue comme eux ».

Elle se souvient également que, dès qu'il y avait un problème de loi ou de texte sur la famille, l'éducation ou l'enseignement, le parti faisait appel à elle, alors que ses collègues députés se gardaient jalousement les questions de politique étrangère, qui l'intéressaient pourtant. « J'ai par exemple entendu un député qui, à propos de l'enseignement, au moment des débats sur l'école libre, a dit: "On n'a qu'à lui donner à elle, elle a bien élevé ses enfants, elle s'y connaît." » Si Hélène Missoffe ne se vexe pas de ce genre de réflexion, elle se rend bien compte qu'il y a une répartition du travail parlementaire qui correspond à la division traditionnelle des tâches entre les sexes. D'ailleurs, on dit d'elle à l'époque qu'elle est une « militante de la condition féminine ». Elle n'est pas encore députée au moment de la loi Neuwirth en 1967, mais s'est engagée en faveur de la pilule dès 1966. Au moment de la loi Veil en 1974, elle soutient sa consœur, avec qui elle tissera d'ailleurs des liens d'amitié. Elle considère en effet que permettre aux femmes de maîtriser leur fécondité est un réel progrès. Dans sa propre famille, elle est incomprise, voire accusée de soutenir le droit à l'avortement par ambition politique. Dans son entourage, certains vont même jusqu'à en déduire qu'elle adopte cette position parce qu'elle-même est déçue d'avoir eu huit d'enfants. Dans son parti, l'UDR, elle se trouve également très critiquée, mais ses opinions sont respectées. Elle n'a jamais ressenti par la suite de rancunes, ni subi le moindre chantage.

Hélène Missoffe est l'exception qui confirme la règle d'exclusion des femmes de l'arène politique. En 1976, à l'Assemblée nationale, elles sont deux femmes à être membres de l'UDR sur un groupe de 170 députés. Ses collègues masculins justifient une telle disproportion en arguant du fait qu'ils ne trouvent pas de femmes pour se présenter à la députation et qu'elles ne peuvent pas se déplacer. De son côté, Hélène Missoffe est longtemps restée persuadée que, peu à peu, les femmes parviendraient à se hisser au sommet des responsabilités politiques. « Quand je suis entrée au Parlement, je me disais : il n'y en a pas beaucoup maintenant, mais il y en aura plus la prochaine fois. Ça s'est fait tout seul et cela se passera de la même façon à tous les échelons d'élection. »

Au moment de la loi sur la parité, elle a déjà quitté la politique, mais n'est pas certaine qu'elle l'aurait votée. Elle aurait préféré qu'une mesure oblige les parlementaires à prendre leur retraite vers soixante-cinq ans pour laisser la place aux jeunes et aux femmes. Il lui semble toutefois que, à l'heure actuelle, une femme qui a des ambitions politiques peut faire carrière comme un homme. Elle ne nie pas cependant que les femmes partent toujours avec des handicaps, dus à l'organisation de leur vie personnelle, dans la mesure où il n'y a toujours pas un partage égal des tâches familiales. Elle a culpabilisé lorsqu'elle a rempli les fonctions de secrétaire d'État, parce que le rythme était extrêmement intense entre les multiples réunions et les divers déplacements en province. Mais c'est elle qui a transmis le virus de la politique à sa fille, Françoise de Panafieu, candidate malheureuse aux élections municipales de 2008 à Paris face à Bertrand Delanoë. Parce qu'elle est mariée et mère d'enfants en bas âge, elle l'oriente d'abord consciemment vers ce qui concerne la vie du quartier puis, en tant que suppléante, l'introduit au conseil de Paris, comme le règlement le lui permet.

Si Hélène Missoffe a eu de l'ambition en politique, celle-ci n'a cependant jamais été frénétique. Elle ne comprend pas d'ailleurs que l'ambition politique suscite des haines, de la jalousie, de l'envie et des déceptions ridicules qui évoluent parfois jusqu'à la dépression. Pour elle, « on fait de la politique pour son pays », mais il lui est très souvent arrivé de consoler les déçus, des hommes en particulier, parce qu'ils « détestent perdre ».

Gisèle Moreau

Née en 1941. Adhère au Parti communiste (PC) en 1958, membre du Comité central du Parti communiste depuis 1972. Députée de la 13e circonscription de Paris (1973-1981).

> « Pour changer la politique, il faut qu'il y ait plus de femmes et, pour qu'il y ait plus de femmes, il faut changer la politique. »

Gisèle Moreau prend sa carte au PC à l'âge de dix-sept ans. Son père, ouvrier pâtissier, n'était pas encarté mais néanmoins sympathisant communiste. Elle se souvient qu'il travaillait dur pour avoir peu de satisfactions dans son emploi. Elle-même commence à travailler dès l'âge de quatorze ans : « Le PC m'apparaissait comme un moyen de rendre une société, la société française, plus juste. Ce parti semblait à cette époque – hélas, maintenant c'est un peu différent ! – une force capable d'imposer un changement dans la société, une transformation de la société. Et c'était ça qui comptait. »

Gisèle Moreau fonde avec une amie la section de l'Union des jeunes filles de France (UJFF) du XVIIIe arrondissement à Paris. En pleine guerre d'Algérie, il s'agit d'empêcher le départ des jeunes appelés. L'UJFF s'occupe également de réconforter les sœurs, les fiancées, publie des tracts ou organise avec les Jeunesses communistes (JC) des actions contre la guerre réprimées durement par la police.

Rapidement, Gisèle Moreau devient secrétaire fédérale de Paris de l'UJFF puis secrétaire nationale adjointe et, enfin, elle remplace Hélène Luc à la direction nationale du mouvement. Au milieu des années 1960, se considérant désormais trop âgée – elle est mariée et a un enfant –, elle demande à quitter la direction de l'UJFF pour militer en entreprise. Un peu plus tard, en 1968, alors que l'épouse de Maurice Thorez, Jeannette Vermeersch, ne dirige plus le secteur femme du parti, Gisèle Moreau s'occupe à nouveau des questions relatives aux femmes en prenant la responsabilité de ce domaine au sein de la Fédération de Paris. Elle reconnaît aujourd'hui que le PC a longtemps pris des positions très traditionalistes, voire réactionnaires concernant la contraception. Dès la création de la Maternité heureuse en 1956, qui deviendra le Planning familial en 1960, le PC condamne en effet ouvertement le contrôle des naissances. La maternité volontaire est considérée comme « néo-malthusienne et petite-bourgeoise ». Même si certaines militantes communistes se trouvent en désaccord avec la position officielle du parti, il faut attendre la fin de l'année 1965 pour que la direction dépose une proposition de loi demandant l'abrogation de la totalité de la loi de 1920, qui interdit l'avortement, la contraception et toute propagande anticonceptionnelle.

À la fin de l'année 1972, Gisèle Moreau siège au Comité central du Parti communiste. À l'approche des élections législatives de 1973, elle est chargée par la direction de trouver des candidates à la députation. Plusieurs femmes refusent et Gisèle Moreau finit par se présenter elle-même, à la demande de ses camarades. « Moi, ça ne m'avait pas effleurée. J'avais trente-deux ans à l'époque. Je me suis dit : "Dans le fond, je veux convaincre ; je déploie plein d'énergie pour convaincre les autres ; si moi-même, je refuse, il y a quelque chose qui ne va pas." Alors, j'ai dit : "Allons-y ! Allons-y !" C'est comme ça que j'ai été élue dans la 13e circonscription de Paris en 1973. »

Remplir un mandat de députée lui paraissait à l'époque une fonction trop difficile pour elle, « parce qu'elle n'avait pas d'expérience et ne connaissait pas les lois ». Ce sont les camarades de son groupe qui l'ont aidée. À l'époque, il y avait seulement trois femmes communistes, se remémore Gisèle Moreau. En 1978, elles seront treize. Les premiers temps, elle se sent mal à l'aise à l'Assemblée nationale, parce qu'elle est jeune, femme et vient du monde ouvrier : « C'était difficile physiquement. J'avais toujours le sentiment de ne pas être assez bien habillée. Ce n'était pas mon monde. »

Gisèle Moreau se souvient très bien du débat sur la loi Veil en 1974. Elle intervient lors d'une séance et peine à se faire entendre parmi les hurlements des opposants à la loi. Impressionnée par le chahut, elle est surtout révoltée de ne pas pouvoir s'exprimer : « La rage m'a pris. J'ai dit : "Mais écoutez, il n'y a déjà pas de femmes dans cette assemblée, si quand l'une d'entre elles prend la parole, vous ne la laissez pas parler, ça n'est pas tolérable !" Les types se sont calmés. Ils ont dû se dire : "Tiens, dans le fond, elle a raison." »

Concernant le mouvement féministe des années 1970, elle admet que celui-ci a alimenté une réflexion nouvelle sur la condition des femmes, mais avoue qu'il était parfois difficile de discuter avec ses militantes, parce qu'elles attaquaient ouvertement le PC. Elle leur reproche également d'avoir attisé une guerre entre les sexes. Les féministes critiqueront aussi les propositions du Programme commun de 1972 qui, selon elles, n'allaient pas assez loin. Avec la rupture de l'union entre communistes et socialistes, en 1977, les positions du PC concernant les femmes, ainsi que d'autres sujets d'ailleurs, se durcissent. Les débats internes sont difficiles. En 1979, elle est élue au secrétariat national et devient responsable du secteur femmes dans le parti. Elle applaudit la création d'un ministère des Droits de la femme dirigé par Yvette Roudy en 1981, mais considère que ce fut « un ministère de la parole ». La rupture avec les socialistes est de toute façon consommée à partir de 1983, après le départ des ministres communistes du gouvernement.

À cette époque, Gisèle Moreau organise avec d'autres militantes du parti de grands rassemblements sur les femmes et avec les femmes. Les thèmes abordés concernent les centres de contraception, les IVG que certains hôpitaux refusent de pratiquer ou le travail de nuit des femmes.

Sur les moyens susceptibles de féminiser la vie politique, Gisèle Moreau et le Parti communiste en général étaient plutôt opposés aux politiques de quotas. La parité lui apparaît certes comme un « objectif digne d'être porté », mais pas davantage. Elle constate ainsi que les partis ont beaucoup de mal à respecter la loi puisqu'ils présentent des femmes qui, pour la plupart, ne seront pas élues. Il faudrait donc changer le système électoral en adoptant une dose de proportionnelle, interdire le cumul des mandats et imposer une limite d'âge, même s'il est important que des militants expérimentés siègent dans les assemblées élues.

Gisèle Moreau est convaincue que ce sont les partis qui doivent aider les femmes à militer et à prendre des responsabilités politiques. Auparavant, le PC se préoccupait de former ses futurs cadres au sein des écoles du parti (École centrale, École fédérale, stages mensuels…). Des stages – plus courts et en région parisienne – avaient également été mis en place pour que les militantes puissent assister à ces formations. Des horaires spécialement aménagés pour elles devaient leur permettre d'y accéder. Ces différentes mesures étaient destinées à inciter les femmes à prendre des responsabilités au sein de l'appareil militant, parce qu'elles manquaient d'assurance. Gisèle Moreau se souvient que certaines militantes se sont battues pour que les réunions ne se terminent pas trop tard « parce qu'il est toujours plus difficile pour les femmes de se libérer le soir ». Elle pense toutefois que « tant que la politique c'est la trahison des promesses, c'est l'arrivisme, les ambitions, les rivalités, les coups d'arnaque, tant que la politique est éloignée des vrais problèmes, les femmes ne s'y intéresseront pas ».

Pour Gisèle Moreau, les femmes sont « plus au fondamental : elles font de la politique pour changer la vie des gens, parce qu'elles sont plus proches du quotidien, des choses concrètes ». C'est pourquoi, selon elle, les élues s'investissent davantage au niveau municipal. De ce fait, l'irruption des femmes un peu partout au niveau local pourrait peut-être changer la politique. Mais, pour l'instant, elle remarque qu'Angela Merkel ou Margaret Thatcher n'ont pas mené une politique particulièrement différente : « Elles se coulent dans le moule parce qu'elles ne peuvent pas faire autrement et aussi parce que leur politique est celle-là. » C'est pourquoi, conclut Gisèle Moreau, il s'agit de ne pas trop idéaliser les femmes politiques, puisqu'il n'y a pas « d'un côté les femmes progressistes, sociales, pacifistes et de l'autre, les hommes antisociaux, antiliberté et belliqueux ».

Monique Pelletier

Née en 1926. Conseillère municipale sous les étiquettes du Parti républicain (PR) et de l'Union pour la démocratie française (UDF) de 1971 à 1977, puis adjointe au maire de Neuilly (1977-1983). Ministre déléguée chargée de la Condition féminine (1978-1980) puis ministre déléguée chargée de la Famille et de la Condition féminine (1980-1981). Membre du Conseil constitutionnel (2000-2004).

> « Ce ne sont pas les électeurs qu'il s'agit de convaincre mais le monde politique. C'est lui qui freine l'entrée des femmes en politique pour une première raison toute simple : il y a un nombre restreint de places et l'intrusion des femmes dans la vie politique prive les hommes d'un certain nombre de postes. »

Issue d'une famille de la haute bourgeoisie parisienne, Monique Pelletier suit des études de droit pour devenir avocate. Elle se marie à vingt ans et élèvera sept enfants en partageant pleinement avec son mari les tâches éducatives et familiales.

À la fin des années 1960, Monique Pelletier intègre un club politique, le Centre démocratie et progrès (CDP), qui se rallie par la suite à la majorité gaulliste et soutient la candidature de Georges Pompidou à l'élection présidentielle de 1969. Comme il s'agit d'une petite organisation, elle participe immédiatement aux discussions majeures. On lui confie également la question des femmes au niveau national. En 1971, elle devient membre du conseil municipal de Neuilly-sur-Seine, où elle réside, et accepte, dans le même temps, en 1972, la direction de l'École des parents et des éducateurs. Cette association laïque et apolitique propose aux parents en difficulté un service téléphonique pour répondre à des questions d'ordre psychologique ou juridique, des consultations médicales et psychiatriques, ainsi que des revues et des publications.

Monique Pelletier considère que ce travail associatif aux côtés des familles était déjà une forme d'engagement politique, dans la mesure où il s'agissait d'œuvrer pour la collectivité. Elle poursuit dans le même temps sa carrière d'avocate, tout en exerçant les fonctions de juge assesseur au tribunal pour enfants de Paris-Nanterre, où elle rencontre des jeunesses difficiles et délinquantes. Elle entre finalement en politique « sans ambition de carrière particulière ». Elle souhaite simplement agir par le biais de la politique pour essayer de mettre fin à certains dysfonctionnements de la société.

Lorsque le CDP se range du côté de la majorité présidentielle en 1974, elle rejoint les Républicains indépendants (RI) parce qu'elle y connaît certains membres et a le sentiment qu'on y est moins embrigadé que chez les gaullistes. Comme elle apparaît féministe et qu'elle est l'une des rares femmes du groupe, elle est tout de suite nommée secrétaire nationale aux droits des femmes. Lorsque les Républicains indépendants se transforment en Parti républicain (PR) et adhèrent à l'Union pour la démocratie française (UDF) en 1977, Monique Pelletier suit le mouvement et devient membre du conseil politique du parti giscardien. Dans son souvenir, peu de femmes – trois ou quatre – se trouvent dans les instances nationales de l'organisation. En 1977, elle est chargée d'une mission d'information sur le problème de la toxicomanie. Elle dirige pendant un an une équipe de quinze personnes et livre un rapport important, où elle affirme notamment que le problème de la drogue doit être traité et débattu ouvertement, comme ceux de l'alcoolisme ou du suicide. En 1978, elle occupe les fonctions de secrétaire d'État auprès du garde des Sceaux, Alain Peyrefitte, dans le gouvernement de Raymond Barre, puis, en septembre de la même année, elle est nommée ministre déléguée chargée de la Condition féminine, et également de la Famille à partir de 1980. Elle commence donc une vie publique dans les hautes sphères de l'État à quarante-huit ans.

Au sein du gouvernement, Monique Pelletier se sent pleinement soutenue par le président Valéry Giscard d'Estaing et son Premier ministre Raymond Barre. « Une fois que mes propositions étaient acceptées, l'un et l'autre ne sont jamais revenus dessus. » Une telle adéquation facilite grandement les relations qu'elle se doit d'entretenir avec les autres ministres du fait de la transversalité de son ministère. Par rapport à Françoise Giroud, qui a occupé les fonctions de secrétaire d'État chargée de la

Condition féminine de 1974 à 1976, Monique Pelletier détient une marge de manœuvre plus importante, puisque son ministère se situe d'emblée au sixième rang du gouvernement, qui comprend trente-cinq ministres.

Monique Pelletier n'est jamais descendue dans la rue avec les féministes pour défendre la libéralisation de l'avortement. Elle ne mène pas d'actions au sein de collectifs ou dans le cadre du Planning familial qui, depuis 1956, se bat pour que les femmes puissent choisir le moment de leur maternité. Elle est toutefois à l'origine de la légalisation définitive de l'avortement. Dès le début des années 1970, les questions de la contraception et de l'avortement la mobilisent dans le cadre de son travail à l'École des parents.

En 1974, la loi Veil avait été votée pour cinq ans. Il s'agissait d'une loi expérimentale, qui devait être rendue définitive en 1979. Le ministre de la Santé de l'époque souhaite tout naturellement défendre cette loi. La ministre déléguée chargée de la Condition féminine monte au créneau et demande à le faire elle-même « parce que ce texte concerne les femmes ». Dans un esprit de compromis, Raymond Barre propose que le texte soit défendu par les deux protagonistes. Monique Pelletier exige de défendre seule cette loi et gagne son pari, puisque la loi sur l'avortement est adoptée, grâce à l'appui des socialistes, et de Gaston Defferre en particulier. Elle s'en souvient toutefois comme d'un moment difficile, lors duquel il a fallu répondre à des objections construites « autour d'affirmations éhontées comme quoi les femmes se serviraient de l'avortement pour partir en vacances ».

Comme sa majorité ne la soutient guère, Monique Pelletier use de l'argument selon lequel « l'État est responsable de la santé des femmes qui tentent d'avorter : il ne peut pas continuer de les laisser mourir ou rester mutilées à vie. C'est par lâcheté ou hypocrisie qu'un État peut continuer à fermer les yeux et refuser d'aider celles qui n'ont pas les moyens de se payer un avortement à l'étranger ». Par souci de justice sociale, Monique Pelletier va donc jusqu'à proposer le remboursement de l'intervention. Elle rencontre alors une opposition vent debout dans son propre camp. Il faut attendre 1982 et le ministère d'Yvette Roudy pour qu'une loi relative à la couverture des frais afférents à l'IVG soit votée. Même dans un gouvernement socialiste, la ministre des Droits de la femme de l'époque devra batailler pour faire passer une telle disposition.

Après la défaite de Valéry Giscard d'Estaing à l'élection présidentielle en 1981, Monique Pelletier veut se présenter aux législatives pour remplir un mandat de députée. Elle raconte ce cheminement presque rocambolesque vers une place d'élue et le manque total de soutien de son propre parti dans cette quête. C'est un parcours semé d'embûches que de nombreuses femmes politiques ont aussi vécu. Implantée à Neuilly parce qu'elle y réside, elle refuse de se mettre en concurrence avec Florence d'Harcourt, alors députée des Hauts-de-Seine. « Après avoir dit pendant quatre ans : "Il faut que les femmes des mêmes formations soient solidaires entre elles", je n'allais pas me battre contre elle. » Elle essaie alors de se présenter à Colombes, en sachant qu'elle ne sera pas élue du premier coup puisque le Parti communiste français (PCF) y est alors très bien implanté. Sa proposition est acceptée, mais en tant que suppléante d'un autre candidat de droite de vingt-sept ans. Monique Pelletier, qui vient d'occuper des fonctions de ministre et qui bénéficie d'une popularité certaine, refuse. Elle tente d'obtenir la circonscription de Levallois-Perret. Le radical de droite en lice est enchanté de cette proposition – si elle accepte, une fois encore, d'être sa suppléante. Parce qu'elle a une résidence secondaire dans le Morbihan et que le député de la circonscription ne se représente pas, Monique Pelletier demande enfin à Raymond Marcellin, conseiller régional de Bretagne et baron du fief, si elle peut se présenter à Vannes ! Celui-ci trouve l'idée excellente, mais trois heures après leur entrevue un communiqué de l'AFP tombe pour annoncer que Raymond Marcellin quitte le Sénat pour se présenter aux législatives à Vannes. Selon Monique Pelletier, il ne voulait pas de « quelqu'un qui ait un peu de dimension » dans son territoire. Ses petits camarades du PR lui conseillent alors l'Eure-et-Loire, à Chartres. L'ancienne ministre fait campagne pendant trois semaines et met son concurrent en ballottage. Elle continue de se rendre disponible à Chartres, en assurant une permanence deux fois par semaine, tout en reprenant ses activités d'avocate. Au moment des municipales de 1983, elle apprendra que son parti a donné l'investiture à un médecin local, qui totalisera seulement un tiers des voix sous le sigle Rassemblement pour la République (RPR). Cette fois-ci, Monique Pelletier claque la porte du PR et cesse toute activité politique.

Selon sa propre interprétation, « elle a payé le fait de ne pas avoir commencé à militer à vingt ans en étant le “porte-serviette d’X ou d’Y” ». Nommée ministre par le fait du prince en 1978, elle n’avait pas de légitimité partisane et son parti ne souhaitait visiblement guère l’y aider. En 2000, Jacques Chirac la choisit pour siéger au Conseil constitutionnel en remplacement de Roland Dumas.

Monique Pelletier ne se souvient pas avoir subi d’autres humiliations du fait de son sexe de la part de ses collègues masculins. Elle est rapidement propulsée en haut de la hiérarchie politique et est de tempérament plutôt autoritaire. Avocate de profession, la prise de parole ne lui pose aucune difficulté. Bien au contraire, elle adore parler en public et sait qu’il faut toujours connaître son texte pour ne pas lire. Elle a toutefois pleinement conscience que cette question de la prise de parole est l’un des handicaps féminins en politique. En 1982, elle crée d’ailleurs une association, Dialogue, pour apprendre aux femmes à s’exprimer en public et poursuivre leurs ambitions professionnelles.

Monique Pelletier est convaincue que la politique n’est pas une profession que l’on peut exercer toute sa vie. Il vaut mieux y faire des passages : « On ne peut pas toujours innover. Il y a un moment où une sorte de routine s’installe. » En 1979, elle était parvenue à faire voter au Sénat l’instauration d’un quota de 20 % de femmes sur les listes municipales, malgré la réticence extrême de ses collègues. Logiquement, elle s’engage donc en faveur de la parité. Elle fait même partie des initiatrices du « Manifeste des dix » qui interpelle en 1996 les partis politiques et la société civile sur l'absence de femmes dans la vie politique française. « Avec Yvette Roudy, Simone Veil, Édith Cresson et d'autres, nous déjeunions ensemble une fois par mois et nous avons réalisé que, sur un sujet comme celui-là, il y avait un consensus total. Nous nous sommes retrouvées dans ce combat pour la parité. C'était très intéressant car cela permettait de voir ce qui nous opposait et ce qui nous était commun. » Si elle considère que la loi sur la parité était un passage obligé, elle s'est en revanche opposée à l'inscription de ce principe dans la Constitution.

Yvette ROUDY

Née en 1929. Députée européenne (1979-1981). Ministre déléguée des Droits de la femme (1981-1986). Députée socialiste du Calvados (1986-1993). Maire de Lisieux (1989-2001)

> « Les femmes en politique sont presque invisibles et inaudibles. Les hommes ne les voient pas, ils ne les écoutent pas. Ce n'est pas leur faute, ils ont une espèce d'angle mort dans leur vision. Ils ne voient pas les femmes sauf quand le travail sérieux est terminé et qu'ils ont envie d'aller se distraire ; à ce moment-là, ils vont en inviter une. »

Yvette Roudy entre en politique par le biais du féminisme et occupe le premier ministère des Droits de la femme en 1981 dans le gouvernement de Pierre Mauroy. Le décret qui définit ses responsabilités est ainsi rédigé : « Madame Roudy est chargée de promouvoir les mesures destinées à faire respecter les droits des femmes dans la société, à faire disparaître toute discrimination à leur égard et à accroître les garanties d'égalité dans les domaines politique, économique, social et culturel. » La ministre, qui déclare qu'elle « veut changer la vie des femmes », va articuler ses actions autour de trois axes : autonomie, égalité et dignité. On lui doit, entre autres, des lois relatives à l'égalité des salaires et à l'égalité professionnelle, au remboursement de l'IVG ou celle ouvrant le congé parental d'éducation à chacun des parents sans distinction de sexe.

Son père, ancien ouvrier aux forges de Boucau, près de Bayonne, revient blessé du front et trouve un emploi de bureau à la mairie de Pessac au lendemain de la Première Guerre mondiale. Il milite à la Section française de l'Internationale ouvrière (SFIO). Sa mère, ouvrière de profession, s'arrête de travailler pour élever ses trois enfants. Bonne élève à l'école, Yvette Roudy souhaite aller au lycée, mais son père s'y oppose. Après une formation de sténodactylo, elle entre dans le monde du travail à dix-sept ans comme secrétaire comptable dans une conserverie de poissons.

Sa rencontre avec Pierre Roudy, avec qui elle se marie en 1951, l'incite à reprendre ses études et à préparer le baccalauréat. Le couple part quelques années en Angleterre. Lors de ce séjour, Yvette Roudy acquiert une bonne pratique de l'anglais et accède, de retour en France, à des emplois plus intéressants. Sa rencontre avec l'écrivaine et militante politique Colette Audry, au début des années 1960, est cependant déterminante. Cette dernière dirige à l'époque une collection, « Femme », chez l'éditeur Denoël-Gonthier et lui confie la traduction de *The Feminine Mystique* de Betty Friedan, qui pointe les limites du monde des femmes américaines, dont l'horizon s'arrête au seuil de la maison. L'auteure y dénonce les représentations de la femme comme maîtresse de maison véhiculées notamment par les magazines féminins.

Colette Audry convie Yvette Roudy à participer aux réunions du Mouvement démocratique féminin (MDF). Ce club politique féminin, féministe et socialiste, est animé par des militantes de gauche issues du Parti socialiste unifié (PSU), de la SFIO, de la Confédération française du travail (CFDT) ou du Planning familial. Créé en 1962, sa présidente est Marie-Thérèse Eyquem, fidèle amie de François Mitterrand. Lors de l'élection présidentielle de 1965, le MDF adhère d'ailleurs à la Convention des institutions républicaines (CIR) dirigée par le candidat François Mitterrand. Yvette Roudy devient responsable du bimensuel du mouvement, *La Femme du XXe siècle*, qui traite de la contraception, de l'égalité des salaires ou de la formation scolaire et professionnelle des filles. C'est dans les colonnes du journal, avant les élections de 1965, que François Mitterrand se prononce en faveur de la contraception. Cette interview, qui fait de la sexualité des femmes un sujet politique, provoque un certain séisme dans la France gaulliste. Il est alors le premier et le seul candidat à assumer une telle position. Il faudra attendre deux ans pour que la loi Neuwirth sur la contraception soit adoptée, après des débats houleux à l'Assemblée nationale.

En 1967, Yvette Roudy se présente en Seine-et-Marne aux élections législatives parce que François Mitterrand veut mettre en pratique le principe des candidatures féminines. Six autres femmes sont candidates pour le jeune parti de gauche, la Fédération de la gauche démocrate et socialiste (FGDS). Elle s'en souvient comme d'une épreuve assez terrible mais extrêmement formatrice, un « enseignement accéléré ». Les circonscriptions réservées aux femmes sont perdues d'avance, mais la stratégie de rassemblement de la gauche non communiste paie puisque le petit parti de François Mitterrand obtient 15 sièges à l'Assemblée nationale.

Le vent de liberté qui souffle en Mai 68 enthousiasme Yvette Roudy, qui croit fermement cependant au réformisme en politique. Elle a trouvé un mentor en la personne de François Mitterrand et va le soutenir dans son projet d'union de la gauche, de rénovation et de conquête du Parti socialiste (PS). Au congrès d'Épinay, en 1971, elle est aux côtés de celui qui, à la surprise générale, devient premier secrétaire du parti alors que son courant est minoritaire. C'est « un fantastique joueur de poker, selon Yvette Roudy, puisqu'il fait alliance avec la gauche et la droite du parti ». Dans ce nouveau Parti socialiste, elle n'appartient pas à la garde rapprochée du leader socialiste incarnée, entre autres, par Louis Mermaz, Pierre Joxe, Charles Hernu ou Marie-Thérèse Eyquem. Toutefois, pas plus cette dernière que nulle autre femme ne siège dans les instances de direction, qu'il s'agisse du secrétariat ou du bureau du parti.

De son côté, Yvette Roudy travaille avec Pierre Joxe au secteur formation, où elle s'occupe notamment d'organiser des stages à travers la France pour former des militants ou les futurs cadres du parti. Elle est persuadée que la communication est un axe essentiel en politique. Lorsqu'elle réalise, après les législatives de 1973, qu'aucune femme n'est élue, elle revient vers Marie-Thérèse Eyquem, qui a imposé au parti de créer un Comité de coordination des problèmes féminins. Toutes deux se donnent alors pour objectif d'inciter l'organisation socialiste à associer les femmes à son action et à s'intéresser à leurs difficultés dans la société. « Il faut délivrer les femmes du statut colonial où elles sont confinées », écrit alors Yvette Roudy.

Au sein de cette coordination, elle défend le principe des quotas pour permettre l'ascension politique des femmes, au sein du parti comme sur les listes de candidatures aux élections. Un quota de 10 % de femmes est institué en 1974. Il augmentera peu à peu, mais à chaque congrès la négociation se révélera difficile, et cette mesure ne concerne pas directement les instances dirigeantes de l'appareil. La résistance provient, selon Yvette Roudy, d'un certain conservatisme, des idées reçues selon lesquelles les femmes ne peuvent pas assumer de hautes responsabilités, mais surtout, peut-être, du fait « qu'une place pour une femme est une place en moins pour un homme ».

En 1974, lorsque Georges Pompidou meurt et que des élections présidentielles sont organisées, Yvette Roudy fait partie de l'état-major de campagne du candidat François Mitterrand. Elle a en charge la rédaction du bulletin d'information, *Campagne Flash*, destiné aux militants, responsables et délégués nationaux, censé faire le lien avec l'équipe installée tour Montparnasse. La place des femmes dans la société est l'un des thèmes forts de la campagne des socialistes. François Mitterrand poursuit son entreprise de séduction de l'électorat féminin, tout en préservant son électorat catholique. Son discours et sa stratégie restent donc ambigus.

Pour se remettre de la défaite électorale de 1974, Yvette Roudy entame la rédaction d'un ouvrage intitulé *La Femme en marge* (1975). Elle y théorise ses idées, dresse un historique de l'exploitation des femmes et du combat pour leur libération. Elle dénonce aussi l'influence de Proudhon dans la culture socialiste. Le théoricien révolutionnaire est en effet extrêmement misogyne. D'après lui, les femmes doivent rester des ménagères et des courtisanes; il milita d'ailleurs en faveur de la limitation de la scolarisation des filles. Pour justifier ses affirmations, Proudhon tenta de démontrer notamment que les femmes ne sont pas capables d'assumer des responsabilités dans la vie de la cité parce qu'elles sont trop fragiles pour se confronter à la brutalité du milieu politique. Selon Yvette Roudy, aujourd'hui encore, de manière très sous-jacente, ce type d'argument persiste. Le parti devrait donc, dit-elle, s'en débarrasser et «cesser de réduire les femmes au rôle d'alibis ou de faire-valoir».

Si Yvette Roudy ne se reconnaît pas dans le Mouvement de libération des femmes (MLF), parce qu'elle est persuadée que le changement pour les femmes doit passer par les institutions, elle signe toutefois le Manifeste des 343 femmes qui en 1971 déclarent avoir avorté (les «343 salopes») pour que le gouvernement légifère enfin en faveur du droit à l'avortement. Elle soutient également les actions du Mouvement de libération de l'avortement et de la contraception (MLAC), et Simone Veil lorsque celle-ci défend sa loi en décembre 1974, votée grâce aux voix de la gauche au Parlement. Elle reproche aux militantes féministes des années 1970 de ne pas être descendues dans la rue sur des sujets comme l'égalité des salaires au travail ou, plus tard, la parité.

Le MLF défie les partis politiques de droite comme de gauche. Au sein du Parti socialiste, la contestation féministe gronde. Il apparaît donc nécessaire que cette organisation et son leader, qui souhaitent incarner la modernité sur le plan des mœurs et des libertés, réforment leur discours doctrinal en admettant que la lutte des femmes, s'articule à la lutte des classes. Yvette Roudy, alors secrétaire à l'Action féminine, participe activement à la mise en place d'une Convention nationale sur les droits des femmes au début de l'année 1978. Cette manifestation aboutit à l'adoption du Manifeste du Parti socialiste sur les droits des femmes. Quatre principaux thèmes sont retenus : femmes et libertés, femmes et famille, femmes et travail, femmes et militantisme. Le texte reconnaît par ailleurs, et c'est une première, que les femmes subissent une double exploitation, capitaliste et patriarcale. Cette réflexion collective suscite toutefois quelques insatisfactions de la part des féministes les plus radicales du parti. Le ton y est trop réformiste et pas assez révolutionnaire. À l'issue du scrutin des législatives de 1978, le Parti socialiste ne compte qu'une femme, Marie Jacq, sur 103 députés. Le mécontentement des militantes socialistes est à son comble et certaines d'entre elles, menées par Françoise Gaspard, décident de créer un courant « Femmes autonomes » pour prendre le relais du mouvement féministe dans le PS. L'initiative jette le trouble dans l'état-major du parti, mais aussi chez des féministes comme Yvette Roudy, Marie-Thérèse Eyquem ou Colette Audry, qui sont farouchement contre cette initiative parce qu'elles considèrent que « le féminisme ne constitue pas un projet de société à lui seul ». Yvette Roudy craint pour sa part un effet de « ghettoïsation » des femmes. Une lutte ouverte entre féministes s'engage, les loyalistes d'obédience mitterrandienne face à celles qui attribuent au féminisme un rôle politique radical. La tentative séparatiste, qui échoue finalement, oblige cependant le parti à respecter ses engagements au niveau des candidatures féminines aux élections européennes de 1979. Il présente 22 candidates, dont six sont proclamées élues à l'issue du scrutin. Les femmes sont désormais un peu plus de 20 % au Comité directeur et le secrétariat à l'Action féminine devient le secrétariat aux Luttes des femmes. Il est confié à Véronique Neiertz. Yvette Roudy, élue députée européenne, part à Strasbourg, où elle rencontre Simone Veil, à qui elle propose de créer une Commission aux droits des femmes dont elle devient la présidente. Elle s'occupe activement d'examiner les directives européennes sur le droit des femmes.

Elle ne s'implique guère dans la campagne électorale de 1981 et reçoit avec étonnement un coup de téléphone de Pierre Mauroy, qui l'invite à occuper les fonctions de ministre des Droits de la femme dans son gouvernement. Selon l'intéressée, pour montrer leur volonté politique, François Mitterrand et son Premier ministre n'ont pas hésité à « nommer une féministe à la tête de ce ministère et à donner à celui-ci des moyens et un soutien politique fort». Conformément aux engagements pris par François Mitterrand durant la campagne présidentielle, ce ministère est censé faire passer les Françaises du statut d'«immigrées de l'intérieur» à celui de «citoyennes à part entière». Pour rompre avec les politiques mises en place précédemment, notamment les ministères de la Condition féminine, pris en charge par Françoise Giroud puis par Monique Pelletier, Yvette Roudy déclare qu'elle veut «déconditionner les femmes et les hommes». Son ministère est celui des droits de la femme et pour que l'égalité soit respectée, elle ambitionne de transformer les mentalités. Il s'agit dès lors de prendre des directives dans tous les domaines, économique, social et culturel.

Pour Yvette Roudy, le dossier le plus difficile à défendre fut celui du remboursement de l'avortement. Elle avait monseigneur Lustiger et la France nataliste contre elle, mais aussi une partie des socialistes, représentés au gouvernement par Georgina Dufoix, secrétaire d'État à la Famille, et Pierre Bérégovoy, ministre des Affaires sociales. De son côté, François Mitterrand est hésitant parce que soucieux de ménager les milieux catholiques et familialistes. Elle obtient en revanche le soutien de Lionel Jospin et de Pierre Mauroy. Comme lors de la campagne d'information sur la contraception qui inaugure son mandat de ministre, Yvette Roudy est d'autant plus déterminée qu'il s'agit d'une mesure de justice sociale. La loi est finalement votée en décembre 1982.

Sur son projet de loi antisexiste, qui donne la possibilité aux femmes de recourir à la justice pour incitation à la discrimination, la haine et la violence en raison du sexe, Yvette Roudy rencontre encore plus de difficultés. Cette loi prévoyait notamment qu'une association féminine puisse s'opposer à l'affichage public d'une représentation de femme considérée comme portant atteinte à sa dignité. Le milieu publicitaire et celui des médias sont les premiers à s'y opposer. Yvette Roudy se fait traiter d'« ayatollah » et de « puritaine » : sa loi menacerait, selon ses détracteurs, la liberté de la presse. D'après la ministre, la campagne de protestation contre ce projet donne à voir toute la mesure de l'antiféminisme en France à cette époque. Des hommes, mais aussi des femmes, que les premiers savent utiliser, arrivent à leurs fins puisque le texte est abandonné.

À partir de 1983, dans un contexte de rigueur budgétaire, les priorités de François Mitterrand se modifient. Des options plus traditionnelles sont mises en avant et la secrétaire d'État chargée de la Famille devient plus ouvertement la rivale d'Yvette Roudy. Georgina Dufoix prend effectivement certaines mesures en faveur des familles nombreuses, qui incitent les femmes à rester au foyer pour s'occuper elles-mêmes de leurs enfants. L'allocation parentale d'éducation votée en 1985 s'adresse par exemple aux mères. Le discours féministe n'a donc plus vraiment sa place à l'Élysée et l'influence d'Yvette Roudy au sein du gouvernement diminue. Son mandat de ministre des Droits de la femme s'achève en 1986, au moment de la cohabitation. Après la victoire de

François Mitterrand en 1988, elle n'est pas reconduite dans le nouveau gouvernement formé par Michel Rocard. Yvette Roudy poursuit donc son combat à l'Assemblée nationale, puisqu'elle a été élue députée du Calvados aux élections législatives de 1986. En 1989, elle remporte aussi les municipales à Lisieux.

Elle s'attelle à la question de la représentation des femmes en politique. En 1992, le sommet européen «Femmes et pouvoir», qui donne lieu à la charte d'Athènes, revendique la parité entre hommes et femmes dans tous les lieux de décision politique. L'ancienne ministre crée une association, l'Assemblée des femmes, qui regroupe des femmes politiques et des intellectuelles, et se donne pour objectif d'aider à la féminisation de la politique. En 1995, elle publie un ouvrage, *Mais de quoi ont-ils peur?*, qui dénonce la misogynie de la classe politique française.

La même année, les ministres femmes d'Alain Juppé (les «juppettes») sont démissionnées en masse cinq mois après leur nomination. Cela provoque des réactions de solidarité entre femmes politiques de gauche et de droite. Yvette Roudy, Simone Veil et Monique Pelletier sont alors à l'origine du «Manifeste des dix», publié dans *L'Express* en juin 1996. Cinq anciennes ministres de gauche et cinq anciennes ministres de droite signent en commun un texte en faveur de la parité qui débouche, après de tumultueux débats, sur l'inscription de ce principe dans la Constitution, complétée ensuite par une loi ordinaire en 2000. Yvette Roudy garde un excellent souvenir de ce moment politique: «On avait des déjeuners une fois par mois. On s'amusait beaucoup, on riait énormément, parce qu'on se racontait évidemment nos aventures respectives, dans les partis, et les attitudes des uns et des autres. Nous avions les mêmes histoires à raconter parce que les hommes sont les hommes, avec les femmes, qu'ils soient de droite ou de gauche. Pendant huit jours, il y a eu ce grand panneau où nous étions toutes les dix photographiées, cela a créé un choc. La journaliste qui a monté cela l'a remarquablement bien fait parce qu'elle a assorti nos propositions d'interviews d'Alain Juppé, qui était alors Premier ministre, et de Lionel Jospin, qui était à la tête du Parti socialiste. Ils se sont engagés. Mais j'ai failli me faire blâmer, expulser du parti, parce qu'on ne doit pas frayer avec la droite. Moi, je pensais que sur un sujet comme celui-ci, nous pouvions trouver des accords qui traversent toutes les familles politiques. Cela a soulevé un immense espoir dans le pays. Les femmes étaient très heureuses de voir cela et ont cru que nous allions continuer de travailler ensemble. Mais nous étions tout de même en désaccord sur certains points, comme l'emploi et la question du temps partiel pour les femmes. Cela a eu des résonances à l'intérieur des partis.»

Yvette Roudy ne se souvient pas avoir fait l'objet de propos sexistes de la part de ses collègues masculins, tout du moins ouvertement, parce qu'«en face d'une féministe, ils n'osent pas». Comme elle occupe aujourd'hui, au sein du Parti socialiste, une position de doyenne, sa parole est désormais respectée. Ce qui ne veut pas dire, précise-t-elle, que les hommes tiennent compte de ses propositions concernant les femmes. «Les femmes savent très bien que quand elles prennent la parole, il y a une baisse d'attention immédiate. Une femme est moins écoutée qu'un homme dans le milieu politique, sauf si ce que cette femme vient de dire est repris par un homme. On ne dit jamais : "Elle a raison." » De ce fait, Yvette Roudy estime que la loi sur la parité était une nécessité, parce qu'elle a obligé les hommes du parti qui détiennent le pouvoir à placer des femmes sur leurs listes électorales.

Yvette Roudy regrette cependant que nombre de femmes arrivées en haut de la hiérarchie politique ne soient pas davantage féministes. Certaines d'entre elles « prétendent parfois qu'elles ne doivent rien à personne sauf à leurs propres qualités. Elles refusent généralement de s'allier entre elles à l'intérieur de leur propre organisation et essaient de ne pas se faire remarquer en tant que femmes. Elles veulent absolument s'intégrer à ce monde masculin, faire et penser comme les hommes, quitte à renier une certaine identité féminine ».

Selon Yvette Roudy, les femmes sont davantage attachées au cadre de vie, au bien-être, à l'harmonie que les hommes. Ce qui ouvre aux premières un nouvel espace politique et social : « Ce que l'on appelle les valeurs féminines, entre guillemets, tendent à devenir des valeurs universelles. Le cadre de vie est désormais considéré comme un élément positif parce qu'il donne plus de satisfaction aux citoyens. On finira par avoir une société féminisée grâce à une minorité de féministes ! »

Catherine TRAUTMANN

Née en 1951. Élue au conseil municipal de Strasbourg en 1983 puis maire (1989-2001). Député socialiste du Bas-Rhin (1986-1988). Secrétaire d'État aux Handicapés et aux Personnes âgées (1988-1989). Ministre de la Culture (1997-2000). Députée européenne (1989-1997), réélue en 2004.

> « J'ai été la première femme maire d'une grande ville. Mon souci était de ne pas être une femme alibi, parce que je sais bien que, dans cette culture misogyne, il en suffit d'une pour écarter toutes les autres et que, depuis que l'on a mis des femmes sur un piédestal, on a considéré toutes les autres parfois comme des moins que rien. »

Catherine Trautmann s'engage en politique pour deux raisons : parce qu'elle a des convictions de gauche assez radicales au début de sa vie étudiante, en 1969, et parce qu'elle souhaitait s'impliquer et contribuer à changer les choses dans sa ville natale, Strasbourg. À dix-neuf ans, elle se marie avec Jacques Trautmann, avec qui elle fréquente la faculté de théologie protestante.

Dans sa famille – qu'elle qualifie de « bonne famille alsacienne » –, la politique n'est pas vraiment une tradition, mais, d'une part, son père lui apprend dès l'âge de dix ans ce qu'a pu être la Résistance – il a été l'un des compagnons d'André Malraux dans la brigade Alsace-Lorraine – et, d'autre part, il croit fermement à la construction européenne. Cette petite-fille de pasteur reçoit une éducation exigeante, articulée autour de la responsabilité personnelle et de la conscience de ses propres choix. Elle hérite d'une culture protestante laïque et républicaine, son père étant un fils d'ouvrier lyonnais.

Même si le protestantisme donne traditionnellement aux femmes davantage d'autonomie dans le couple et permet une répartition des rôles plus égalitaire, Catherine Trautmann réagit en voyant le parcours de sa mère et de sa grand-mère. Cette dernière, qui n'a pas pu poursuivre d'études jusqu'au bac, s'est retrouvée dans une école ménagère. Quant à sa propre mère, elle a renoncé à sa carrière de chanteuse lyrique pour ne pas nuire à celle de son mari militaire. Jeune étudiante, Catherine Trautmann entreprend des études de russe pour travailler dans l'interprétariat ou l'enseignement, et suit dans le même temps des cours de théologie pour sa réflexion personnelle. À cette occasion, elle se penche en particulier sur la place mineure faite aux femmes dans la religion et dans la société en général, et commence un travail de recherche en thèse sur le thème de la misogynie dans les textes antiques.

Catherine Trautmann acquiert une conscience féministe dans les années 1970. Elle participe à quelques réunions et manifestations, mais hésite entre l'engagement féministe et l'activisme politique dans un parti. Elle finit par adhérer, avec son mari, à la fédération socialiste du Bas-Rhin en 1977, du côté de la tendance autogestionnaire rocardienne. Elle fait ce choix parce que, pour elle, « le problème est une question de pouvoir et le seul moyen pour les femmes de faire progresser leurs revendications est d'investir les lieux de pouvoir institués ». Au même moment, une amie militante socialiste l'invite à participer à la rédaction d'un texte sur l'articulation entre lutte de classes et lutte des femmes, adopté lors de la Convention nationale de janvier 1978 sous le titre « Manifeste du Parti socialiste sur les droits des femmes ». Catherine Trautmann, qui y travaille notamment avec Yvette Roudy, alors secrétaire nationale à l'Action féminine, se souvient des débats concernant la manière d'aborder la place des femmes dans la société. Au Parti socialiste (PS), les rapports entre la situation économique des femmes et leur libération étaient alors jugés primordiaux, car l'indépendance économique était considérée comme la condition première de l'autonomie.

Durant ces années, une certaine solidarité féminine existe au PS mais elle reste fragile. En 1983, Yvette Roudy propose qu'un quota de femmes soit imposé pour les élections locales. Ce principe, jugé inconstitutionnel à l'époque, est en revanche appliqué en interne au PS, à hauteur de 25 %. Catherine Trautmann se souvient cependant qu'il a fallu batailler pour qu'il soit respecté : « J'ai été traitée par mes amis hommes de "miss Quota". Certains disaient des choses beaucoup plus en dessous de la ceinture, en expliquant que ce n'était pas par nos qualités que l'on pouvait être dans la politique mais pour d'autres raisons d'attractivité. » Elle-même dit cependant avoir bénéficié de cette politique volontariste en matière de féminisation de la vie politique, puisque c'est en partie grâce aux quotas qu'elle est élue au conseil municipal de Strasbourg en 1983. Elle précise toutefois qu'elle obtint aussi cette place en raison de déchirements internes à sa section. Comme elle a une position de neutralité dans ces conflits, c'est finalement elle qui est désignée. « À partir de là, j'ai pu comprendre un autre ressort, celui de l'opportunité de l'effraction. Je pense que les femmes ont souvent été élues par effraction. »

Lors des élections législatives de 1986, au scrutin proportionnel, aucun homme ne brigue la seconde place sur la liste parce que l'élection semble perdue d'avance. Catherine Trautmann est pourtant élue, mais certains hommes du PS ne se gênent pas pour lui signifier qu'à sa place, « ils auraient obtenu un meilleur score ! » C'est pourquoi Catherine Trautmann conseille aux femmes d'avoir « beaucoup de détermination, une bonne dose d'humour et une certaine modestie ». Souvent, dit-elle, « elles ne se font pas suffisamment confiance et appréhendent trop le conflit frontal et agressif, qui peut parfois être d'ailleurs d'une extrême violence » : « Souvent, on est critiqué sur son physique, sur son aspect. On se sent vraiment heurté, bousculé dans sa personne. Dans le même temps, les femmes politiques cherchent d'autres voies que la confrontation directe et le rapport de forces et elles déploient à ces occasions beaucoup d'inventivité dans les solutions proposées. » D'après elle, les femmes font, en partie, de la politique autrement parce qu'elles ont une culture différente. Mais, déplore-t-elle, certaines d'entre elles pensent qu'il faut entrer dans un moule pour pouvoir être acceptée et ainsi gagner la reconnaissance des hommes.

Le récit de son investiture en tête de liste à Strasbourg pour les municipales de 1989 est épique. Le PS mise sur elle pour disputer la campagne électorale parce qu'elle progresse rapidement au sein des institutions de la ville. De plus, avec son entrée au gouvernement en 1988, elle acquiert une popularité croissante, tant nationale que locale. Avec ses amis, elle pense que pour arriver à gagner une ville comme Strasbourg, il faut « représenter le changement » et, dans le même temps, « pouvoir passer dans tous les milieux », bourgeois et populaires. Le désaccord porte sur la stratégie à adopter : Jean Oehler, le député socialiste élu en 1981 et l'ancienne tête de liste aux élections législatives de 1986, pense que la ville est gagnable par la banlieue. Catherine Trautmann considère pour sa part qu'il faut « taper au milieu », c'est-à-dire au centre. À ces deux visions, longuement discutées, s'ajoutent une compétition entre plusieurs courants et un encombrement des candidatures imposées sur les treize premières places.

Dans ce contexte, Catherine Trautmann part en campagne quasiment seule à la fin de l'année 1988. Pour que cesse la crise, elle fait appelle au Premier ministre, Michel Rocard, et au président de la République, François Mitterrand. Lorsqu'elle va trouver le premier secrétaire du parti pour qu'il arbitre cette lutte de pouvoir en sa faveur, celui-ci lui répond : « "Mais Catherine, tu n'y penses pas, vous ne pouvez pas gagner ; tu es jeune, tu es femme, tu es socialiste !" J'avais dit en rigolant qu'il pourrait ajouter que je suis protestante, encore une minorité. Je suis rentrée chez moi furieuse et je me suis dit : "quatre handicaps font un atout", et je suis repartie à la bataille. » La détermination de Catherine Trautmann porte ses fruits puisqu'elle est élue, à la surprise de tous. Certains Strasbourgeois lui avouent même avoir voté pour elle parce qu'ils croyaient qu'elle ne parviendrait jamais à gagner la ville. La situation chaotique de cette élection, mêlée à une sorte d'illégitimité, font dire à la nouvelle maire que le deuxième tour de l'élection se déroulera en 1995. Elle sera réélue maire de Strasbourg dès le premier tour.

Dès le début de son mandat, lorsqu'elle entreprend la construction d'un tramway, Catherine Trautmann va se retrouver en porte-à-faux entre son image de femme gentille, douce et sympathique, et la réalité d'un chantier typiquement masculin, qui requiert une certaine fermeté doublée d'un fort volontarisme. Quand il a fallu commencer à abattre des arbres pour réaliser ce tramway, une campagne de violence verbale et physique s'abat sur elle : « J'ai appelé cela le corps à corps, parce que j'ai même failli prendre des coups. Je ne les ai pas reçus, parce que je les ai esquivés, mais cela allait jusqu'à la colère physique, qu'exprimait à mon égard un certain nombre d'hommes dans la rue. J'ai aussi été caricaturée en "Trautmanator" pourvue d'une scie électrique, parce que je représentais soudain la femme castratrice, autoritaire et agressive. En fait, je transgressais les rôles traditionnellement imposés aux femmes dans l'exercice même du pouvoir. Mon travail sur la misogynie m'a beaucoup aidée à comprendre une telle attitude : il y a toujours cette ambivalence dans la perception misogyne que l'on a des femmes, parce qu'elles peuvent être tout à la fois portées au pinacle et traînées plus bas que terre. Le tout, à propos d'un engin, le tramway, qui n'est quand même pas un symbole particulièrement féminin ! »

En 1997, elle prend la tête du ministère de la Culture. Elle a refusé les propositions ministérielles précédentes de Pierre Bérégovoy parce qu'elle était contre le cumul des mandats et souhaitait respecter la parole donnée aux Strasbourgeois. La Culture et la Communication lui sont confiées en raison de sa connaissance des dossiers, notamment à travers son travail sur les questions audiovisuelles au Parlement européen. Elle se donne entre autres pour mission de faire prendre conscience à la gauche que la question culturelle va devenir essentielle pour lutter contre la tentation de l'extrême droite et du populisme – fortement liée, selon elle, à un refus d'accepter une société cosmopolite et la diversité culturelle et religieuse en général. À l'époque, la bataille contre l'extrême droite, contre le Front national (FN) en particulier, rend urgent le fait d'investir le champ culturel. De toute évidence, la nouvelle ministre de la Culture souhaite mettre l'accent sur le versant social de la culture en se démarquant un peu du ministère de Jack Lang, plus centré sur la création. C'est une femme, Catherine Tasca, qui lui succède en 2000.

En 1991, à l'occasion d'un entretien donné au *Monde*, Catherine Trautmann met les pieds dans le plat en rappelant que les femmes attendaient des socialistes des progrès et des changements en profondeur, auxquels ceux-ci n'ont répondu que très timidement. Convaincue que le mouvement des femmes est un important facteur de transformation des sociétés en général, Catherine Trautmann estime que la situation des femmes dans une société détermine souvent la nature même de cette société en terme de liberté : « Chaque fois que les femmes ont avancé dans leur droit, elles ont en même temps entraîné, avec elles, les droits des étrangers, les droits de la différence sexuelle. » Aujourd'hui, le piège « s'est un peu refermé sur les femmes parce qu'elles ont revendiqué l'égalité dans la différence et que cette différence leur a été renvoyée de manière négative ».

Catherine Trautmann constate que chaque fois qu'une femme est pionnière en politique, qu'il s'agisse d'Édith Cresson ou de Ségolène Royal par exemple, elle se trouve toujours dans l'obligation d'être la première à réussir entre tous et dans toutes les situations. Chacune à travers des styles différents : Édith Cresson « était provocante et pleine d'assurance pour ne pas être assimilée à la femme policée, la poupée » ; Ségolène Royal « a joué sur une image plus éthérée, plus féminine dans laquelle elle s'est d'ailleurs laissée un peu enfermer », note Catherine Trautmann. La société est beaucoup plus exigeante à l'égard d'une femme qu'à l'égard d'un homme et accepte difficilement qu'une femme réussisse en politique – en parvenant, qui plus est, à concilier l'exercice du pouvoir et sa vie privée. « C'est encore plus subtil et plus pervers que les réflexions misogynes, remarque Catherine Trautmann. Dès le lendemain de mon élection à la mairie de Strasbourg, des rumeurs sur mon divorce et l'existence d'un amant ont couru parce qu'il semblait impensable que je puisse m'entendre avec son mari, avoir une vie de femme sans histoire et sereine. »

Seule la mixité du milieu peut permettre aux choses d'évoluer et l'égalité de fait ne sera possible que par « une égalité de droit volontaire et volontariste pendant un certain temps ». Catherine Trautmann est pragmatique et, comme elle constate que les positions de principe ne permettent pas toujours d'avancer, il lui semble nécessaire de trouver les voies et les moyens qui permettent le progrès. Pour elle, la parité reste donc un objectif à atteindre « dans le pays symbole des droits de l'homme ! » Ce paradoxe est dû, selon elle, à la culture politique française, à l'influence de la culture latine et au rôle du catholicisme dans l'histoire de cette exclusion des femmes du pouvoir. Cette religion, qui a donné une image positive des femmes, lui a au même titre refusé l'accès à la prêtrise.

Catherine Trautmann se qualifie de « féministe tempérée », dans la mesure où elle se sent proche d'une vision radicale du changement et de la transformation et, dans le même temps, elle soutient que, en politique, on ne peut pas avancer en imposant de manière brutale ses idées et sa vision des choses. Son modèle féminin est Simone de Beauvoir, parce qu'elle a cheminé en la lisant, mais toutes les femmes qui ont marqué l'histoire par leurs luttes l'ont à leur manière inspirée et encouragée dans son parcours. Outre les deux autres Simone, Simone Veil et Simone Weil, Catherine Trautmann a donc un « panthéon de femmes pour modèle ».

Simone Veil

Née en 1927. Ministre de la Santé (1974-1979). Députée européenne (1979-1993) et présidente du Parlement européen (1979-1982). Ministre des Affaires sociales (1993-1995). Membre du Conseil constitutionnel (1998-2007).

> « J'ai été l'exception qui confirme la règle ; celle qui a donné bonne conscience parce que l'on me prenait pour exemple, alors que j'estime que, pour les femmes, c'est encore très difficile. »

Fin mars 1944, Simone Veil est arrêtée à Nice lors d'un contrôle effectué par deux SS. Le 13 avril 1944, sa sœur aînée, sa mère et elle sont envoyées à Auschwitz-Birkenau. L'épreuve de la déportation, la survie dans le camp de la mort, le retour en France, son père et son frère disparus, tout cela dans une indifférence quasi générale à l'époque, ont marqué à jamais celle qui incarne en France le souvenir des camps, la conscience de l'Europe et la loi en faveur de la légalisation de l'avortement. Ces expériences ne l'ont pas rendue pessimiste mais dénuée d'illusions, tant les êtres humains sont capables du meilleur comme du pire.

Son entrée en politique n'était pas préméditée. Elle affirme volontiers que, au fond, elle n'a fait une carrière politique que « parce qu'elle était une femme ». Elle n'était pas engagée dans la vie politique et renâclera d'ailleurs tout au long de sa carrière à s'inscrire dans un parti. Licenciée en droit et diplômée de Sciences Po, elle entreprend en 1954 une carrière dans la magistrature. Elle est alors âgée de vingt-sept ans, est mariée et a déjà trois enfants. Sans être politisée, elle a toutefois des convictions sur la Communauté européenne de défense (CED), la question coloniale – l'Indochine puis l'Algérie –, le retour de De Gaulle au pouvoir. En 1957, à l'issue de deux années de stage, elle est admise au concours de la magistrature et affectée à la direction de l'administration pénitentiaire, au sein de laquelle elle va travailler sept ans. Cette fonction la passionne, mais son mari et ses enfants lui font comprendre que ses absences ne sont plus supportables. Elle accepte de changer de poste à condition qu'une opportunité professionnelle intéressante se présente. Le président de la commission des lois à l'Assemblée nationale, René Pleven, souhaite créer deux commissions d'étude, l'une sur le statut des malades mentaux, l'autre sur l'adoption. Il propose à Simone Veil d'en prendre la direction et Jean Foyer, le nouveau garde des Sceaux, l'affecte à la direction des Affaires civiles. C'est d'ailleurs à cette occasion qu'elle rencontre Marie-France Garaud, chargée de mission au cabinet de son ancien professeur de droit. Lorsque René Pleven devient garde des Sceaux en 1969, il la convie à travailler encore une fois avec lui en tant que conseillère technique dans son cabinet. Le travail est harassant. Simone Veil y reste un an, puis devient secrétaire du Conseil supérieur de la magistrature.

En 1974, elle est nommée ministre de la Santé dans le gouvernement de Valéry Giscard d'Estaing. Elle aime à raconter l'histoire étonnante de cette désignation. Un magazine féminin publie, comme une provocation, un article sur un utopique gouvernement de femmes à la fin de l'année 1973 et la propulse Première ministre. Françoise Giroud bénéficie également d'une bonne place dans ce palmarès. Ce qui apparaît encore aujourd'hui pittoresque et étrange à Simone Veil, c'est qu'elle est alors inconnue du grand public et n'est même pas militante politique. D'après elle, il s'agissait de « tâter le terrain » et, comme les réactions sont plutôt positives, Jacques Chirac lui téléphone pour lui proposer un poste dans le premier gouvernement qu'il constitue. Simone Veil émet également l'hypothèse selon laquelle Marie-France Garaud aurait soufflé son nom devant le Premier ministre, à la demande du nouveau Président qui « cherchait des femmes », en particulier une femme au ministère de la Santé, pour s'occuper de la loi sur la légalisation de l'avortement.

Simone Veil n'a pas longtemps hésité. Elle ne doute pas de ses compétences : elle a déjà travaillé avec un certain nombre de fonctionnaires du ministère. Elle pense cependant que l'expérience sera de courte durée, car elle « appréhende de commettre une énorme bêtise ». Dès sa prise de fonctions, elle rencontre des difficultés avec les grands patrons de la médecine. D'une part, face à ce milieu plutôt conservateur, elle cumule trois « handicaps » : elle est une femme, juive, favorable à la légalisation de l'avortement. D'autre part, précise-t-elle, à chaque fois que le poste de ministre de la Santé semblait vacant, les grands médecins, qui connaissent bien le monde politique, espéraient eux-mêmes devenir ministre. Simone Veil est la seule femme ministre du gouvernement, puisque ses consœurs occupent des secrétariats d'État : Annie Lesur à l'Éducation, Hélène Dorlhac à la Justice et Françoise Giroud à la Condition féminine.

Lors de son entrée au gouvernement, elle se lie d'amitié avec l'ancien ministre de la Santé et de la Sécurité sociale Michel Poniatowski. Très préoccupé par la question de l'avortement, celui-ci l'avertit immédiatement, au moment de la passation de pouvoir : « Vous savez, il faut aller très vite et faire un texte ; sans cela le Mouvement de libération de l'avortement et de la contraception (MLAC) viendra un jour dans votre bureau pour faire un avortement. Le temps presse. » Dès le départ, Simone Veil souhaite donner au texte une orientation médicale, et non pas juridique comme dans d'autres pays. Elle défend l'idée selon laquelle la décision doit appartenir à la femme et à elle seule. Une consultation doit certes lui être proposée, lors de laquelle les inconvénients lui sont expliqués ; les aides dont elle peut bénéficier si elle décide de garder l'enfant lui seront également exposées. Dans tous les cas, la femme désireuse d'avorter devra attendre une semaine pour réfléchir, mais elle n'aura pas à demander l'autorisation d'une commission ou l'assentiment du père.

L'équipe de Simone Veil dispose d'un livre blanc élaboré l'année précédente. Elle mène une nouvelle série de consultations avec des membres du Conseil de l'ordre, très hostiles à une telle mesure, avec des médecins et des gynécologues qui le sont un peu moins, ainsi qu'avec le réseau associatif militant pour la légalisation de l'avortement, comme le Planning familial. Elle rencontre également des membres de la hiérarchie catholique, par l'intermédiaire du très catholique Joseph Fontanet, ancien ministre de la Santé favorable au projet. L'Église catholique émet le vœu que la loi contienne une clause de liberté de conscience, pour que nul médecin ou personnel soignant ne soit obligé de pratiquer un avortement contre sa volonté. Si un directeur d'hôpital public n'a pas à imposer cette clause à l'ensemble de son service, en revanche, la direction d'un établissement privé peut prendre l'initiative d'interdire l'IVG.

Lorsque Simone Veil prend en charge ce dossier brûlant, elle sait pertinemment qu'un an auparavant un texte beaucoup plus timide, soumis au Parlement par le garde des Sceaux, Jean Taittinger, a été rejeté avec virulence par les députés. Mais elle est assurée de l'appui du Président et de celui du Premier ministre, à l'origine plus réservé quant à l'urgence d'une telle loi. Au niveau de l'Assemblée, les communistes et les socialistes prennent l'engagement de voter un texte qui réglera la situation. C'est du côté de sa propre majorité que Simone Veil sait que cela sera plus difficile : « Je ne pouvais pas faire voter un texte uniquement par la gauche ! Il me fallait un minimum de voix à droite. Alors je devais tempérer pour chaque chose, savoir si je pouvais accepter un amendement de la droite, sans perdre dans le même temps les voix des socialistes. »

Lors de la discussion du texte, la ministre de la Santé a dû demander une suspension de séance pour s'entretenir avec le président du groupe socialiste à l'Assemblée, Gaston Defferre, afin de lui exposer l'obligation dans laquelle elle se trouvait d'accepter la clause de conscience exigée par la hiérarchie catholique. Dans le cas où les socialistes refuseraient celle-ci, le passage de la loi aurait été fortement compromis. À droite, Simone Veil se souvient que, à la fin du débat, c'est l'attitude d'un ancien compagnon de la Résistance, le catholique Eugène Claudius-Petit, très respecté à l'Assemblée, qui a fait basculer certains votes en faveur de la loi. Le député chiraquien Bernard Pons, ancien médecin de campagne, est également intervenu : au cours de sa carrière, il avait vu beaucoup de femmes qui arrivaient dans un « état épouvantable », pour s'être auto-avortée et, pour elles, « même un médecin ne pouvait plus rien faire », avait-il expliqué.

« Il y avait une ambiguïté et une hypocrisie terribles. Pour les hommes, à l'époque, c'était une affaire de femmes. Certains disaient : "Elles se sont toujours débrouillées, elles continueront bien." Parler de cela, c'était sale. » Ce débat a également engendré une grande violence à l'égard de Simone Veil. Un député lui lance qu'elle « fait le même travail que les SS dans les camps », un autre va jusqu'à évoquer l'envoi des fœtus au four crématoire. « C'était horrible », se souvient Simone Veil.

Une partie de l'opinion s'est également déchaînée contre elle. Des courriers, émanant pour la plupart de la droite catholique, intégriste et antisémite, lui parviennent par dizaines. Lorsqu'elle sort de chez elle ou devant le Palais-Bourbon, des femmes viennent égrener leur chapelet. La loi est finalement votée dans la nuit du 29 novembre 1974 par 284 voix contre 199. Depuis, Simone Veil est devenue une figure centrale du combat des femmes pour leur libération et l'égalité.

Un peu plus tard, elle milite en faveur de la parité. Lorsqu'elle est désignée pour présider le Parlement européen, en 1979, elle se souvient qu'un certain nombre d'hommes était furieux qu'une femme puisse exercer de telles fonctions. Au cours de ce mandat, elle impose la mise en place d'une commission des droits de la femme, dont Yvette Roudy aura la charge. La députée socialiste essaie d'ailleurs d'introduire un texte sur la parité, qui sera refusé par le Conseil constitutionnel. Plus tard, Simone Veil fait partie du groupe des dix anciennes ministres qui interpellent les partis sur la sous-représentation des femmes en politique et leur soumettent sept propositions susceptibles de réduire l'écart qui sépare l'un et l'autre sexe dans cette sphère. Elle garde un souvenir réjoui de leurs rencontres, qui ont duré un an, sous la houlette d'Édith Cresson, et considère que cette opération médiatique a favorisé le vote de la loi paritaire en 2000. Cependant, « l'ajout du principe de parité dans la Constitution reste très limitatif dans la mesure où il ne concerne que les institutions politiques ». Elle préconise d'aller plus loin, en aménageant par exemple les journées de travail ou les rythmes scolaires pour permettre aux femmes de disposer du temps nécessaire à la politique. Pour Simone Veil, la plupart des pays où la position des femmes a évolué en la matière ont voté de tels textes. Si, en France, de fortes résistances s'opposent encore à l'entrée des femmes en politique, c'est parce que le vrai pouvoir demeure le pouvoir politique. « En Suède ou en Finlande, le vrai pouvoir est économique et c'est dans ce secteur que les femmes n'arrivent pas à accéder à des postes décisionnels. »

Simone Veil est persuadée que l'entrée massive des femmes dans la vie politique changera la politique : « Actuellement, leur vécu est différent. Peut-être est-ce d'ailleurs parce qu'elles ont à lutter davantage que leurs aspirations sont différentes de celles des hommes », suggère-t-elle. La société a certes évolué, « mais pas assez ». Lorsqu'elle a voulu travailler, au milieu des années 1950, son mari s'y est opposé, alors que tous deux avaient fait les mêmes études. Elle a négocié avec lui avant de s'inscrire au concours de la magistrature. Aujourd'hui, elle regarde ses petites-filles et considère que « cela reste toujours très difficile pour les femmes ». Simone Veil a toujours été féministe et l'est de plus en plus.

Conclusion

Les femmes veulent-elles faire de la politique comme les hommes ?

À l'occasion du processus paritaire des années 1990-2000 s'ouvre une sorte de « parenthèse enchantée[1] » pour les femmes en politique. Ces dernières sont désormais censées rénover la scène politique grâce à des qualités qui leur seraient propres, en tant que femmes et novices : disponibilité, pragmatisme, altruisme, efficacité, proximité avec le citoyen, écoute… Il va donc s'agir de mettre en valeur sa féminité, alors qu'il était auparavant nécessaire de ne surtout pas en faire mention ; de renier son identité de femme pour passer inaperçu dans un monde d'hommes. Lors des élections municipales de 2001, la campagne est ainsi marquée par une surexploitation de l'image de la femme candidate, qui apparaît comme une véritable ressource politique. La chercheuse Catherine Achin[2] note toutefois combien cette parenthèse va se révéler de courte durée, puisque dès les élections législatives de 2002, la valorisation de la féminité et du thème

1. Selon l'expression de Marion Paoletti citée dans Catherine Achin *et al.*, *Sexes, genre et politique*, *op. cit.*, p. 56.
2. *Ibid.*, pp. 66-70.

des femmes en politique s'atténue nettement, ressurgit de manière plus modérée lors des élections régionales de 2004, puis s'essouffle à nouveau. La fin de ce phénomène «pro-femme» des années 1990-2000 se traduit par un retour à la norme que déjoue superficiellement la candidature de Ségolène Royal à l'élection présidentielle de 2007.

Toutefois, la figure ayant été mise en avant, il nous paraissait intéressant de questionner de manière directe les femmes politiques de notre corpus d'entretiens sur cette identité, sa construction sociale et sa validité. Cette problématique émerge également lorsque l'on aborde tout ce qui concerne la difficile conciliation entre vie privée/familiale et vie politique, les regards portés sur elles par leurs collègues masculins qui les renvoient souvent à leur état de femme et les déprécient dans leur fonction politique, la difficulté à être et à énoncer dans des assemblées à 90 % masculines… Ces pratiques différenciées restent cependant délicates à déterminer et à définir *stricto sensu*. Seul le féminisme peut être considéré comme une mobilisation spécifiquement féminine. Nous sommes ainsi voués à esquisser des hypothèses en ce domaine, à travers le récit de ces expériences singulières, ce d'autant plus que ces professionnelles de l'action publique restent minoritaires dans le milieu politique et disposent rarement de la capacité d'innover réellement. Si elles ont une représentation d'elles-mêmes et des autres femmes en politique qui se distingue de celle des hommes, elles sont toujours plus ou moins contraintes de suivre les règles de leurs partis respectifs. Certaines pensent qu'elles font de la politique autrement et que, à terme, l'entrée en masse des femmes au sommet du pouvoir changera inévitablement la politique ; d'autres considèrent qu'il n'y a qu'une manière d'exercer le pouvoir et que les femmes comme les hommes ont des attitudes et des pratiques similaires en situation de pouvoir ; d'autres encore aspirent à faire oublier qu'elles sont différentes, en niant plus ou moins leur féminité, pour adopter le masculin comme neutre et s'assimiler pleinement à ce monde qui juge déplacé tout ce qui a trait au genre féminin. Les positions émises par chacune de nos interlocutrices ne sont toutefois jamais aussi tranchées. Par ailleurs, notons que nous n'avons pas véritablement discerné d'opposition gauche/droite sur cette question, ni de divergences générationnelles. Les plus anciennes, portant une analyse différée et critique sur les diverses fonctions politiques exercées, émettent leur point de vue sur les femmes politiques d'aujourd'hui. L'absence de clivage idéologique en la matière signifie-t-il pour autant qu'il existe une solidarité entre les femmes en politique ?

Solidarité ou complicité ?

Réalité ou fantasme, les hommes, selon Françoise Gaspard, semblent avoir la hantise que les femmes s'allient entre elles. Elle cite pour exemple l'organisation d'un repas entre femmes de droite et de gauche qui avait provoqué le courroux de François Mitterrand : « Ce qui a été intéressant à la fin des années 1970, lorsqu'au sein du

Parti socialiste on a lancé le courant Femmes, ça a été la solidarité de femmes d'autres partis. Je pense en particulier à des femmes du Parti communiste bien sûr, mais également à des femmes de droite : Monique Pelletier et Simone Veil. Je me souviens d'un dîner, en 1979, chez Edgar, le restaurant des hommes politiques à l'époque. Nous décidons, avec Simone Veil, Monique Pelletier et quelques autres, dont une femme communiste, de réserver une table au milieu du restaurant. Évidemment, nous avons beaucoup ri toute la soirée, on a parlé des femmes mais aussi d'autres choses. Le lendemain matin, je reçois un coup de téléphone de François Mitterrand. Il m'avait rarement téléphoné. Je me retrouve dans son bureau, au siège du Parti socialiste. Il me reçoit avec son œil sévère, noir, comme quand il était en colère, et me dit cette phrase extraordinaire : "Hier soir, au nom de qui négociiez-vous ?" Je ne comprends absolument pas ce qu'il me dit. Il continue : "Vous étiez avec des personnes d'autres partis." C'est extraordinaire : il existe cette peur, toujours aujourd'hui chez les hommes, que les femmes fassent alliance. Donc, il serait intéressant qu'elles s'allient, non pas sur tout, mais sur un certain nombre de points. »

Françoise Gaspard fait allusion à la création du courant Femmes autonomes, au sein du PS, en 1978, qui suscita non seulement la désapprobation des dirigeants du parti, mais aussi de certaines militantes féministes, comme Yvette Roudy, Marie-Thérèse Eyquem ou Colette Audry. Par sa tentative séparatiste, ce courant, initié entre autres par la jeune maire de Dreux et deux autres socialistes, Cécile Goldet et Édith Lhuilier, porte atteinte à l'ordre établi. Les uns et les autres redoutent que ne se crée un «État dans l'État», préjudiciable au parti tout entier[3], par le biais de ces femmes qui osent revendiquer le pouvoir.

Françoise Gaspard s'en explique à l'époque au micro du journaliste Dominique Souchier. «Nous voulons, pourquoi pas, prendre le pouvoir, mais nous voulons en premier lieu que les femmes aient un droit d'existence à l'intérieur du parti en tant que femmes. Ce que nous voulons, c'est parler d'autres choses, parler de tout et autrement. Nous pensons que sur un certain nombre de problèmes – l'environnement, l'écologie, le régionalisme, la jeunesse –, nous avons autre chose à dire, davantage à dire. Nous voulons aussi parler d'économie, d'urbanisme et pourquoi pas de défense, et nous disons que le discours des femmes sur des thèmes comme ceux-là apportera une dimension nouvelle au socialisme et constituera le socialisme.» Quand le journaliste l'interroge: «Quelles sont vos arrières-pensées?», Françoise Gaspard réplique: «On nous a demandé à propos de ce troisième courant: "Qui est derrière?" Personne n'est derrière. Ni Jean-Pierre Chevènement, ni Michel Rocard, ni Pierre Mauroy, ni François Mitterrand.» Dominique Souchier poursuit : «Mais par qui allez-vous être récupérées?» Françoise Gaspard répond : «Nous disons que nous sommes irrécupérables. Il faut que nous montrions que le PS doit être le

3. Jane Jenson et Mariette Sineau, *Mitterrand et les Françaises. Un rendez-vous manqué*, Presses de la FNSP, Paris, 1995, pp. 125-126.

lieu d'expression des différences. Nous exprimons une de ces différences et nous voulons être prises en compte en tant que telles sans nous raccrocher à tel ou tel homme du parti[4]. »

Au congrès suivant, en 1979, la tentative séparatiste en question n'obtient pas les 5 % de mandats nécessaires à la constitution d'un courant. Toutefois, la menace sécessionniste oblige la direction du parti à prendre davantage en compte dans son programme tout ce qui concerne les luttes de femmes et à mettre en application le principe des quotas aux élections suivantes. Le PS présente effectivement, aux élections européennes de 1979, 22 femmes en position d'être élues sur 81 candidats. À cette occasion, François Mitterrand peut se vanter de diriger le parti qui présente le plus grand nombre de candidates.

Catherine Trautmann, qui entre en 1977 au PS, confirme qu'il y a, dans les années 1980, une solidarité féminine au sein du parti, mais « fragile ». « La solidarité existe, mais comme elle n'est pas organisée, elle est fragile. Et parfois, pour défendre certaines amies, pour qu'elles soient mieux placées sur des listes, on a vraiment dû menacer, exercer toutes sortes de pressions. On a quand même été protégées, entre guillemets, lorsque les quotas sur les listes ont été appliqués en interne. La loi qu'Yvette Roudy avait proposée en 1983, pour les élections locales, avec un quota de 25 % de femmes sur les listes, n'avait pas été jugée constitutionnelle. Au fond, on

4. Françoise Gaspard, interviewée par Dominique Souchier, France Inter, 15 mai 1978, archives INA.

s'est retrouvées avec la nécessité – ce qui est le rôle à mon sens d'un parti – que le PS anticipe et s'applique des règles "à l'avance", pour permettre cette promotion politique des femmes, cette émergence des femmes. J'ai été traitée par mes amis hommes de "miss Quota". Certains disaient des choses encore plus sous la ceinture, expliquant que ce n'était vraiment pas par nos qualités que l'on pouvait accéder à ces positions mais pour d'autres attractivités. Ce qui nous a été interdit, à nous femmes socialistes, c'est de constituer un courant ou une organisation interne, contrairement à ce qui existe dans de nombreux partis sociaux-démocrates, comme le Sozialdemokratische Partei Deutschlands (SPD) en Allemagne, qui témoigne de l'intérêt qu'a pu représenter ce genre de regroupement dans la militance. Les femmes ont progressé plus rapidement dans les mandats électifs et au sein de la vie politique en général. »

Est-ce à dire qu'il y a une communauté d'intérêts féminins en soi, une « sororité » qui abolirait les clivages gauche/droite ? Ponctuellement, et toujours sur des questions afférentes aux droits des femmes, comme la contraception, l'avortement, et aujourd'hui la féminisation du pouvoir politique, une certaine solidarité féminine a effectivement transcendé les frontières idéologiques. La communiste Gisèle Moreau se souvient du soutien apporté à Simone Veil par les femmes de son groupe, et par le groupe communiste dans son ensemble d'ailleurs, au moment du vote de la loi de 1974 en faveur du droit à l'avortement. La députée UDR (Union pour la défense de la République) Hélène Missoffe est, elle aussi, solidaire avec Simone Veil, au grand dam de son propre parti. Elle s'est également trouvée en accord avec la députée-maire communiste Jacqueline Chonavel, à propos d'une loi sur l'adoption. Elle tient à préciser qu'il s'agissait d'un cas exceptionnel parce que, « pas plus que tous les hommes ne s'entendent entre eux, toutes les femmes ne s'entendent entre elles ».

Le contexte de revendication paritaire semble avoir renforcé la solidarité entre les femmes politiques, dont le « Manifeste des dix » de juin 1996 constitue l'un des paradigmes. Pour la première fois, des femmes politiques venues d'horizons divers parlent et dénoncent d'une même voix le système politique français et sa classe politique, qui ont encore du mal « à tolérer que les femmes participent avec des responsabilités réelles à la direction des affaires du pays[5] ». Elles déplorent également que ce souci d'équité demeure encore le fait de la volonté du prince, lorsqu'il nomme des femmes à des postes ministériels, et qu'il ne soit toujours pas relayé par les partis au niveau des investitures électorales. L'égalité est revendiquée « pour les femmes et dans l'intérêt national ». Souci de justice et volonté d'éliminer certains travers de la démocratie, comme le cumul des mandats et des fonctions, se côtoient. « Nous avons créé en 1996, avec cinq

5. « Le Manifeste des dix pour la parité », *L'Express*, 6 juin 1996. Les dix signataires sont d'anciennes ministres. Il s'agit de Michèle Barzach, Frédérique Bredin, Édith Cresson, Hélène Gisserot, Catherine Lalumière, Véronique Neiertz, Monique Pelletier, Yvette Roudy, Catherine Tasca et Simone Veil.

anciennes ministres de droite et cinq anciennes ministres de gauche, un groupe pour la parité, se souvient Monique Pelletier. Nous déjeunions ensemble une fois par mois et nous avons réalisé que, sur un sujet comme celui-ci, il y avait un consensus total. « Lors de ces déjeuners, on s'amusait beaucoup d'ailleurs, ajoute Yvette Roudy. On riait énormément parce qu'on se racontait évidemment nos aventures respectives dans les partis et les attitudes des uns et des autres. On avait les mêmes histoires à raconter parce que les hommes sont les hommes avec les femmes, qu'ils soient de droite ou de gauche. »

À certains égards, le sentiment d'empathie que quelques femmes politiques de droite expriment à l'égard de la candidate socialiste lors de l'élection présidentielle de 2007 s'apparente à une solidarité de genre. Ségolène Royal est une pionnière. Elle fait figure de modèle parce qu'elle incarne la possibilité pour les femmes politiques françaises d'accéder aux plus hautes fonctions de l'État. Comme elle fait l'objet de sarcasmes sexistes de la part des médias et de la classe politique durant la campagne – tel présentateur de télévision qui la trouve « bien roulée », ou le fameux « qui va garder les enfants ? » lancé par l'un de ses concurrents socialistes –, elle suscite la compréhension des femmes en général. Monique Pelletier dit avoir « apprécié qu'il y ait une femme candidate ». Déjà, au moment de la nomination d'Édith Cresson, elle se souvient avoir félicité la Première ministre : « Je lui ai dit que si, par hasard, je pouvais lui être d'une quelconque utilité, j'étais à sa disposition. J'étais très heureuse de voir une femme accéder à ce poste. » La députée UMP Nicole

Ameline a trouvé déplorable ce sexisme en campagne: «Je l'ai vraiment défendue, enfin elle n'avait besoin de personne pour la défendre, mais j'ai entendu des hommes et des femmes se hérisser devant de telles observations qui ne paraissent même plus de notre temps et qui n'ont pas grandi leurs auteurs. C'est cette espèce de violence que je trouve tellement archaïque, et qui est jugée comme telle par l'immense majorité de nos concitoyens. Je pense que Ségolène Royal a fait d'ailleurs une bonne campagne et elle a été, me semble-t-il, généralement respectée par ses adversaires.»

Il semblerait donc que ce soit l'expérience commune de la misogynie qui crée une solidarité ou plutôt, selon Nathalie Kosciusko-Morizet, une «complicité féminine». «Je crois qu'il y a peu de solidarité féminine. Le mot de solidarité n'est pas adapté. Il y a occasionnellement une certaine complicité féminine. Il existe des sujets vis-à-vis desquels les femmes se sentent une communauté de destin. Nous faisons toutes l'expérience d'un certain sexisme, donc par moment on peut se retrouver sur un projet commun comme celui du Manifeste pour la parité. Mais les fonctionnements au quotidien, dans le monde politique, ne sont pas furieusement marqués par la solidarité. Il faut être sans innocence sur ces questions-là.»

Pour l'apparentée communiste Clémentine Autain, qui appartient à la même génération que Nathalie Kosciusko-Morizet, il y a bien une solidarité entre féministes, «mais toutes les femmes politiques ne sont pas féministes»: «Il y a des femmes qui aiment bien trôner seules. Je pense que cela a été vrai pour les premières générations qui ont accédé aux responsabilités politiques et qui n'ont pas toujours tendu la main aux autres femmes. Beaucoup ne se sont pas tellement préoccupées de savoir comment faire entrer d'autres femmes en politique. Je pense que l'une des raisons de cet état de fait, c'est qu'elles se sentaient assez à l'aise et qu'elles n'avaient pas nécessairement envie de voir arriver d'autres femmes qui pouvaient devenir de potentielles concurrentes. »

Comme l'a montré Mariette Sineau[6] dans son enquête menée auprès des élu(e)s du Palais-Bourbon, il semblerait bien que la croyance d'une solidarité féminine dans le champ politique soit véhiculée davantage par les hommes, qui, dans un contexte de revendication paritaire, se sentent d'autant plus menacés et en situation de vulnérabilité.

Conscience de genre ou féminisme ?

Parmi nos interlocutrices, quatre sont des féministes qui assument ouvertement un tel engagement. Elles sont donc largement minoritaires, et de gauche. Il s'agit d'Yvette Roudy, de Françoise Gaspard, d'Huguette Bouchardeau et de Clémentine Autain. Cette dernière revendique des convictions féministes radicales qui, selon elle, protègent les femmes en politique. « J'ai toujours dit – ou plutôt je l'ai toujours ressenti comme cela – qu'être féministe en politique est une forme de protection. Il existe alors une certaine retenue, notamment chez les

6. Mariette Sineau, *Profession femme politique*, *op. cit.*, p. 239.

hommes qui se disent : "Celle-là, elle va m'étriper si je dis un mot de travers." Je dis aux femmes : "Ne mettez pas votre féminisme dans la poche. Vous avez le droit de revendiquer l'égalité et de dire qu'une chose ne vous plaît pas. Je crois qu'il faut savoir dire non." » D'une certaine manière, la première femme ministre des Droits de la femme, Yvette Roudy, confirme lorsqu'elle dit : « En direct, face à moi, il n'y a pas un homme qui a osé me dire quoique ce soit d'insultant, des propos racistes. Je les appelle racistes parce que le sexisme, c'est du racisme. Mais je sais que cela se disait en marge, ou bien quand j'avais le dos tourné. Ils ne sont généralement pas très courageux, ceux qui tiennent ce type de discours. Ils sont plutôt lâches même. »

Clémentine Autain et Yvette Roudy sont des femmes de gauche qui viennent toutes deux à la politique par le féminisme. Quant à Françoise Gaspard, elle a participé aux mouvements des années 1970 et a contribué à instiller dans le Parti socialiste certaines des idées du MLF. L'identité féministe fait partie intégrante de la construction de leur identité de femme politique. Elles se mobilisent en permanence pour que les questions relatives à l'égalité entre les sexes, dans tous les domaines et pas seulement dans le champ politique, soient pleinement prises en considération dans les partis. Le cas d'Arlette Laguiller est relativement différent, dans la mesure où l'articulation entre lutte des classes et lutte pour l'égalité entre les sexes est reconnue, mais la seconde reste toujours subordonnée et conditionnée par la première : « On ne peut pas être marxiste sans être féministe, affirme la candidate trotskiste, au sens d'avoir une réelle égalité des hommes et des femmes dans tous les domaines, que cela soit sur le plan salarial, la responsabilité des enfants, la parité en politique, puisque le terme est devenu à la mode. Tout cela fait partie de mon combat. Mais, contrairement à des femmes qui placent le combat féministe devant le combat de classe, mon combat est un combat de classes qui s'accompagne bien sûr d'un combat pour l'égalité des droits entre les hommes et les femmes à tous les niveaux. »

Le féminisme alimente encore aujourd'hui toute une série de peurs enchevêtrées, celle d'une guerre des sexes ou d'une indifférenciation sexuelle, celle de la perte du pouvoir des hommes et d'une puissance féminine menaçante qu'il s'agit de contenir… La France a même la double réputation d'être un pays antiféministe et fémino-lâtre[7]. Le féminisme, notamment celui des années 1970, est aujourd'hui amplement stigmatisé dans le champ politique, en particulier en raison de l'histoire conflictuelle entre les organisations féministes et les partis politiques. Malgré l'application de la parité, qui a permis une entrée plus massive des femmes dans ce milieu, l'attitude de méfiance à l'égard du féminisme persiste sous la forme ambiguë d'une prise de distance, jumelée à une forme de reconnaissance qui concerne la plupart du temps l'obtention des droits concernant la libéralisation de la contraception. La parité, qui mobilise des femmes de gauche et

7. Selon Christine Bard (dir.), *Un siècle d'antiféminisme*, Paris, Fayard, 1999, p. 31.

de droite, brouille un peu les repères puisque, depuis ses origines, le féminisme est associé à la gauche et assimilé à une force de subversion politique dangereuse pour l'ordre établi[8]. Il s'inscrit dans le principe émancipateur et égalitaire de la gauche. Toutefois, le combat pour l'égalité a souvent été appréhendé comme une revendication « bourgeoise », et si l'émancipation des femmes est considérée comme une cause juste, elle reste souvent secondaire par rapport à celle du mouvement ouvrier et cantonnée donc au rang de principe dont l'application reste incertaine.

Un peu plus à droite qu'à gauche, cela fait mauvais genre de se proclamer féministe radicale et de se risquer à dénoncer la domination masculine. En revanche, si être féministe « c'est réclamer l'égalité entière des droits, je le suis, nous assure la gaulliste Marcelle Devaud. Mais je ne demande pas de privilèges ». L'ancienne ministre déléguée chargée de la Condition féminine, Monique Pelletier, se dit elle aussi féministe à sa manière : « Je n'ai jamais défilé dans la rue, mais je pense l'avoir été dans les actions que j'ai menées pour les femmes. »

La socialiste Catherine Trautmann se définit pour sa part comme une « féministe tempérée » : « Je suis issue de cette conscience de gauche et je me situe dans une vision assez radicale du changement et de la transformation. Je suis en même temps tempérée parce que je pense qu'en politique, on n'avance pas dans le mépris des gens, en imposant de manière brutale ses idées et sa vision des

8. *Ibid.*, p. 29.

choses. Pour moi, être politique, c'est trouver d'autres issues, construire à partir des conflits des perspectives nouvelles. Donc, il ne faut pas craindre le conflit, il faut parfois même aller au bout du conflit, mais en cherchant toujours à s'en sortir par l'entente, par la concorde. Je ne parle pas ici de compromissions ou de consensus mou.» L'ancienne maire de Strasbourg dit avoir hésité entre l'engagement dans le mouvement féministe ou l'adhésion au Parti socialiste. Elle se décide finalement pour le PS parce qu'il lui semble que, pour faire progresser le combat féministe, il est nécessaire d'intégrer les lieux de pouvoir que représentent les partis politiques. Au moment où elle adhère au Parti socialiste, une commission, sous la pression des féministes, est justement en train de réfléchir à l'articulation entre lutte des femmes et lutte des classes. Le Manifeste du Parti socialiste sur les droits des femmes de 1978 reconnaît que la surexploitation subie par les femmes passe par la lutte des classes mais ne s'y réduit pas.

Malgré les différences théoriques qui opposent certaines féministes entre elles, ces dernières s'accordent sur le fait que l'oppression des femmes est la matrice de toutes les autres et que l'identité collective «femmes» transcende les autres clivages sociaux, notamment celui de la classe sociale. L'objectif du mouvement est radical. Il regarde la politique avec défiance et propose de faire de la politique autrement en s'écartant de la pratique politicienne et de ses structures partisanes. Dans les partis de gauche, à l'exception peut-être du Parti socialiste unifié (PSU), les militantes sont cependant sommées de se démarquer des féministes les plus radicales avec qui, selon certaines militantes politiques, la communication était impossible. La communiste Gisèle Moreau admet ainsi que le MLF a amené une réflexion nouvelle sur la question des femmes, mais précise que les relations étaient difficiles: «Il y avait des tensions, parce qu'il y avait de l'anticommunisme de la part des féministes. On était très attaqué.» Pour la sénatrice communiste Hélène Luc, les luttes du MLF évoquent avant tout la prolongation de la loi Veil. Elle se sent alors tout à fait solidaire des féministes à un moment où, effectivement, elles commencent à se convertir au socialisme et à l'union de la gauche. «Je dois dire que je me suis vraiment rattrapée. Ce fut ma première grande bataille. La loi Veil avait été votée, mais il fallait qu'elle soit reconduite et ratifiée à nouveau cinq ans plus tard, en 1979. On a assisté, à l'Assemblée nationale, à un débat très virulent, quelque chose de terrible. Jamais, je n'aurai pu imaginer que l'on puisse dire des choses pareilles sur les femmes, du type: "Les femmes, ce n'est pas fait pour travailler", "Les femmes c'est fait pour avoir des enfants."»

Monique Pelletier, ministre déléguée chargée de la Condition féminine, qui défend alors la prolongation de cette loi pour la rendre définitive devant les députés, se souvient de l'ambiance délétère qui règne alors: «Cela a été très difficile. On nous a raconté que, pendant cinq ans, il s'était passé des horreurs, que le nombre d'avortement avait doublé, triplé, quadruplé… J'ai entendu des choses incroyables et j'ai reçu des centaines de coups de téléphone, des nuits entières, avec des réflexions comme:

"Salope, tu iras en enfer". C'est passé grâce au contact que j'ai eu avec Gaston Defferre et grâce aux socialistes. »

De son côté, Huguette Bouchardeau, qui appartient au PSU, organisation davantage liée aux féministes, initie assez rapidement un groupe qui va travailler avec le Mouvement pour la liberté de l'avortement et de la contraception (MLAC)[9] à Saint-Étienne : « On avait créé un groupe qui se réclamait du MLAC, le Groupe pour la liberté de l'avortement et de la contraception de Saint-Étienne (GLACS), mais qui était autonome, non dépendant d'un groupe national. On s'est mis à pratiquer nous-mêmes des avortements illégaux avec des médecins. J'ai même tenu une conférence de presse, alors que l'avortement était considéré comme un délit, pour déclarer ouvert ce centre. »

Pour Fabienne Keller, qui était une adolescente au début des années 1970, le procès de Marie-Claire à Bobigny en 1972, dont l'avocate est Gisèle Halimi, et la loi pour le droit à l'avortement défendue par Simone Veil en 1974, constituent des événements marquants. « Ces femmes [les féministes des années 1970] ont ouvert des portes, des voies nouvelles. Ma génération en a profité en quelque sorte. L'École polytechnique n'est accessible aux femmes que depuis une trentaine d'années. C'est tout

9. Le MLAC est créé en 1973. Il rassemble entre autres des féministes, des médecins, le Planning familial, Lutte ouvrière, la Ligue communiste, la CFDT, le PSU. L'originalité du mouvement réside dans sa diversité et sa mixité ainsi que dans sa pratique revendiquée d'actes illégaux comme les avortements. Il organise également des départs collectifs pour avorter à l'étranger.

récent. Je leur en suis très reconnaissante et les jeunes femmes d'aujourd'hui devraient s'intéresser à ces parcours parce que certaines renoncent trop vite à leur droit à la formation, à leur droit à vivre librement dans la société. On ne connaît plus aujourd'hui la valeur de ces combats. »

Nathalie Kosciusko-Morizet a une réaction similaire lorsqu'elle considère que les jeunes femmes de sa génération ont tendance à baisser les bras. Si elle reconnaît les acquis des luttes des années 1970, elle estime que le dédain qu'elles suscitent est dû au fait que ce féminisme est aujourd'hui dépassé, qu'il n'est plus adapté aux problèmes de la société contemporaine. Cependant, la question de l'égalité est loin d'être réglée, il s'agit donc, selon elle, de s'interroger sur les modalités d'un nouveau féminisme. « Pour moi, le mouvement féministe des années 1970 est un moment important et je trouve qu'il a été d'ailleurs trop durement décrié dans une certaine presse. Et s'il a été décrié, c'est parce que les femmes d'aujourd'hui sont à la recherche d'un nouveau féminisme. Il y a quelque chose à construire, qui ne peut pas être la réplique de ce qui se faisait dans les années 1970. Les enjeux ne sont plus les mêmes. La société a changé. Moi, par exemple, quand je regarde ma promotion d'études et les jeunes filles de ma génération, je suis très surprise de voir combien ont vite arrêté de travailler. On a perdu des réflexes qui étaient justement ceux de l'époque féministe, où les femmes étaient conscientes du fait que leur situation dans la société n'était pas complètement acquise, qu'il y avait quelque chose à défendre et quelque chose à conquérir. [...] La condition des femmes est loin d'être parvenue à l'égalité avec celle des hommes. Et je trouve que les femmes ne doivent pas se tromper de combat. Pour moi, le problème de la condition des femmes c'est celui de la liberté de la femme dans la société. C'est un vrai enjeu pour une femme. Simone de Beauvoir a écrit des choses formidables là-dessus qui sont d'une totale actualité. C'est un vrai enjeu pour une femme de conquérir sa liberté. Cela reste un vrai enjeu en dépit de tout ce qui s'est fait en matière de code civil, de droit. On peut également percevoir dans nos sociétés contemporaines une dérive matriarcale. On a tendance à vouloir défendre la femme quand elle est mère, défendre la femme au nom de la maternité. Or, il y a un risque d'enfermement. [...] La condition de mère est quelque chose de formidable, mais cela n'épuise pas la question de la condition féminine. »

La députée UMP Nicole Ameline, qui fut ministre déléguée puis ministre de la Parité et de l'Égalité professionnelle de 2002 à 2005, n'a jamais été « une militante féministe au sens propre ». Elle définit en revanche son parcours en politique comme celui d'une « combattante féministe ». La loi Veil de 1974 représente également pour elle un moment essentiel : « La maîtrise de la descendance est probablement la plus grande révolution qui soit. La pilule avait déjà été une révolution pour les femmes, mais, avec le droit à l'avortement, les femmes sont devenues responsables d'elles-mêmes, de leur corps, de leur vie. » Elle n'apprécie guère d'ailleurs les femmes qui disent : « Je ne suis pas féministe, mais... » : « Je crois que nous sommes aujourd'hui dans l'affirmation de nous-mêmes. On a vécu dans la séduction. La chance des femmes, aujourd'hui, c'est d'être elles-mêmes [...] et de considérer qu'elles sont légitimes partout où elles sont. »

Si la mobilisation des femmes politiques sur le registre féministe reste relativement faible, elles ne rejettent donc pas nécessairement l'étiquette féministe. Elles ont en effet pour la plupart une conscience féministe « privée ». Certaines d'entre elles, comme le souligne la chercheuse Catherine Achin[10], font même un usage biographique du féminisme pour expliquer leur itinéraire, leur persévérance et la position qu'elles ont acquise en politique. Catherine Achin se réfère entre autres à Ségolène Royal, qui met en parallèle le combat des femmes avec sa lente émancipation, ou Élisabeth Guigou, qui raconte sa découverte très jeune du machisme de la société pour expliquer l'attention qu'elle porte aux minorités ethniques[11]. Il s'agit d'un engagement présenté comme fondateur, mais mis à distance parce que lointain dans le temps, ou totalement aseptisé, comme lorsque Ségolène Royal, au moment de la campagne présidentielle, se déclare « féministe parce qu'elle est une femme ». En tout état de cause, ce féminisme, que l'on pourrait qualifier de modéré, est entré dans les mœurs politiques – à condition toutefois que celles qui s'en réclament restent « féminines ». Alors

10. Catherine Achin *et al.*, *Sexes, genre et politique*, *op. cit.*, pp. 57-59.

11. Il s'agit de Ségolène Royal, *La Vérité d'une femme*, Paris, Stock, 1996, et d'Élisabeth Guigou, *Être femme en politique*, Paris, Plon, 1997.

qu'auparavant les femmes politiques aspiraient à s'intégrer en faisant oublier qu'elles étaient autres, elles tentent aujourd'hui d'assumer leur désir d'exercer le pouvoir et celui de ne pas renier leur identité féminine. L'usage qu'elles peuvent faire de leur féminité ne représente pas seulement une éventuelle ressource stratégique. La réalité et les pratiques des femmes politiques sont spécifiques en tant qu'elles se sont construites comme un groupe dominé[12], mais aussi parce que persiste une inégale structuration des temps sociaux entre hommes et femmes. Les femmes politiques, qui ont un discours sur le « faire de la politique autrement », soutiennent qu'elles ont, d'une part, une culture différente et, d'autre part, une gestion du temps en politique autre. Aucune d'entre elles n'aborde en tout cas la question en terme de différencialisme sexuel.

Changer les règles de la politique ?

Parce que 80 % des tâches domestiques – courses, cuisine, ménage, soins apportés aux enfants – restent effectuées par les femmes, le temps qu'elles peuvent consacrer à la politique est moindre par rapport aux hommes[13]. Une telle situation les désavantage lorsqu'elles

---

12. Yves Sintomer, « Le paysage idéologique de la parité », *Travail, genre et sociétés*, n° 18, novembre 2007, p. 151.

13. Chiffres valables pour l'année 2001, cités dans « Entretien avec Marion Paoletti. Liberté, féminité, parité », *Le Monde*, 10 décembre 2006.

entrent dans la compétition électorale mais les oblige aussi, d'une certaine manière, à s'organiser davantage et à développer un sens de l'efficacité. La difficile conciliation entre leur vie privée/familiale et leur vie publique est susceptible de redéfinir également certaines des priorités en politique. Selon Françoise Gaspard, « ce que les femmes vont apporter et apportent dans la vie politique, c'est une autre relation à la gestion de la vie commune et quotidienne ». D'un point de vue pratique, ce qu'elles réclament souvent dans les conseils municipaux, ce sont des réunions qui ne se prolongent pas trop tard dans la soirée.

Marcelle Devaud, qui appartient à la génération des pionnières, raconte combien il était nécessaire d'avoir une santé solide pour être en même temps mère de famille et femme politique. « J'ai eu six enfants, alors ce n'était pas facile tous les jours. Il m'est arrivé de présider l'Assemblée nationale, et Gaston Monnerville me donnait souvent les séances de nuit. Il me disait : "Vous êtes ma vice-présidente en ciment armé." J'ai toujours été très solide et il m'est arrivé de présider une séance depuis trois heures de l'après-midi jusqu'à midi le lendemain. Et puis, en arrivant chez moi, comme mon employée de maison était malade, j'étais parfois obligée de faire la cuisine et de préparer le repas pour mes enfants. Je dormais très peu, à peu près quatre heures chaque nuit, et cela me donnait beaucoup d'aisance pour mon travail parce que la nuit, on peut travailler, on peut lire, on peut rédiger sans être dérangé. J'ai eu la chance d'avoir une bonne santé et de ne pas avoir besoin de beaucoup de sommeil. »

Marie-France Garaud, qui appartient à la génération suivante, explique qu'« en politique il n'y a pas d'horaire ». À la naissance de ses enfants, elle emploie une personne à domicile avec qui elle va « former un couple parfait ». « Vous ne pouvez pas être stricte sur les horaires en politique, c'est absolument impossible. Tant qu'on n'a pas trouvé la solution à ce que l'on cherche, on ne s'arrête pas. Alors évidemment, c'est peu adapté au fait d'aller récupérer un enfant chez la nourrice. Avec cette jeune femme, je n'ai jamais eu la moindre inquiétude. Je savais que s'il y avait quelque chose, elle m'appellerait. C'est pour cela que je pense que la première condition pour que les femmes puissent travailler tranquillement, c'est qu'elles aient le moyen de faire garder leurs enfants. Mais, franchement, un travail parlementaire classique implique des sacrifices dans la vie familiale qui, à mon avis, ne sont pas compensés par les satisfactions qu'on peut y éprouver. »

Nathalie Kosciusko-Morizet, la plus jeune, admet qu'il est toujours plus difficile pour une femme de concilier vie personnelle et vie professionnelle mais, selon elle, la question n'est pas de changer les rythmes de la politique qui, parce qu'il s'agit d'une passion, prend de toute façon énormément de temps. « Il ne faut pas croire que tout va pouvoir être adapté, que la politique pourra s'exercer sans y passer de soirées, sans y passer de week-ends. De toute façon, la politique c'est une activité dévorante, comme toutes les passions. Dans d'autres secteurs, des femmes assument ces passions. Je crois qu'il faut qu'il y en ait qui assument celle-là aussi. Quand on est chercheur, quand on est artiste, on est à sa manière dévorée aussi par ce qu'on fait. Il faut qu'il y ait des femmes partout et donc il faut qu'il y ait des femmes dans la politique. Évidemment, il faut réussir à adapter pour que ce soit vivable, mais je crois qu'il ne faut pas non plus rêver à l'infini que tout va pouvoir être adapté et que l'on pourra un jour faire de la politique en respectant les 35 heures, ce n'est pas vrai. »

Les femmes politiques d'aujourd'hui rencontrent donc toujours les mêmes problèmes, et les plus professionnalisées s'adaptent aux contraintes de la politique. Catherine Achin[14] remarque que les plus jeunes acceptent de sacrifier une part de leur vie privée pour atteindre les positions les plus élevées dans la hiérarchie. Quand aux plus âgées, elles entrent en politique lorsque leurs enfants sont autonomes. Elles prennent du retard dans la compétition et ne peuvent plus vraiment briguer les postes à responsabilité. Rares sont celles qui arrivent à imposer leur temporalité au lieu d'accepter des rythmes impossibles à concilier avec leur vie privée. La sénatrice socialiste du Tarn, Jacqueline Alquier, qui a su s'implanter solidement dans sa région, assume l'idée que les femmes ont moins de temps à consacrer à la politique et que, de ce fait, elles mettent en place d'autres pratiques. « Je crois que l'on s'éparpille moins. On est beaucoup plus concrètes et l'on s'organise mieux. Autrement dit, on a nos heures pour la famille, on a nos heures pour la politique, on a nos heures pour nos loisirs et on essaie de jouer avec tout ça et de mieux concentrer notre temps, le

14. Catherine Achin *et al.*, *Sexes, genre et politique*, *op. cit.*, p. 89.

temps que l'on donne à chacun de ces secteurs. Les réunions ou les manifestations qui s'éternisent tard le soir, les cocktails, les petits-fours et tout ça, on essaie de le réduire. Ce n'est pas là l'essentiel me semble-t-il.»

Pour Édith Cresson, les femmes sont davantage sur le terrain parce qu'elles y sont obligées. Elles sont effectivement, selon l'ancienne Première ministre, plus ou moins éloignées du microcosme parisien où s'élaborent les décisions. Si les femmes politiques sont de ce fait défavorisées, elles acquièrent cependant une meilleure pratique du terrain. «Elles sont d'autre part beaucoup moins sensibles aux signes extérieurs du pouvoir. Elles ont une culture du résultat, qui n'existe pas du tout dans la classe politique française. Elles prennent soin de voir si ce qu'elles ont engagé aboutit à quelque chose de concret. Et la partie frime, qui est très importante dans ce milieu plutôt machiste de l'apparence, elles s'en occupent beaucoup moins.»

Les femmes politiques sont-elles plus concrètes et efficaces, moins tacticiennes et moins carriéristes? Dans quelle mesure, toutes ces «vertus», qui procèdent de manière évidente de leur situation historique et sociologique, de leur capacité à utiliser des pratiques du quotidien sur la scène politique, sont-elles susceptibles de changer les règles du pouvoir? «Il ne faut pas trop idéaliser, précise Gisèle Moreau, il y a aussi des femmes carriéristes et ambitieuses. Cependant, dans leur masse, les femmes ont un style différent et souhaitent que la politique corresponde à des problèmes concrets de la vie. [...] Pour elles, la politique doit servir à changer la vie des gens, mais on ne peut pas séparer cela de l'orientation idéologique.»

De son côté, Huguette Bouchardeau soutient et espère que cette manière de faire de la politique autrement s'imposera comme modèle pour les hommes et les femmes. «Culturellement les femmes s'occupent davantage des enfants, de la maison, même quand elles ont une activité professionnelle. Les problèmes de la vie, qui concerne l'économie domestique ou les enfants, sont souvent mieux pris en compte par les femmes que par les hommes. C'est important qu'elles aient leur parole en politique. Par ailleurs, je crois que, mises à part quelques femmes, il est très rare qu'elles sacrifient tout à la carrière politique, parce qu'elles ont l'impression que leur vie n'est pas tout entière là. Et je crois qu'elles ont raison. Ce que je souhaite, c'est que ce modèle qui consiste à ne pas tout sacrifier ni au travail, ni à la politique, devienne un modèle de société, et non pas seulement un modèle pour les femmes.»

Or, au moment des élections municipales de 2008 et huit ans après la loi sur la parité, il semble qu'un certain nombre de femmes entrées en politique en 2001 renoncent à se présenter à nouveau, parce qu'il est trop difficile de concilier vie privée et vie politique. Elles se sentent découragées et épuisées parce qu'elles s'investissent journée, soir et week-end en s'organisant au maximum pour assumer malgré tout certaines taches du quotidien et s'occuper de leurs enfants pour se rendre compte finalement qu'elles ne se trouvent dans les lieux où s'élaborent les décisions[15]. D'après Michel Bozon, sociologue à

15. Voir les exemples donnés dans «Dépitées maires», *Libération*, 7 mars 2008.

l'Institut national d'études démographiques (INED): « Le temps n'est pas extensible, ce sont les femmes qui le savent le mieux. Et pour une élue, c'est encore pire[16]. »

Pour améliorer la situation, et après un réajustement de la loi de 2000 visant à contraindre les partis à promouvoir des femmes en politique, l'Observatoire de la parité préconise notamment de limiter le cumul des mandats dans le temps et dans l'espace, et aussi de moderniser le statut de l'élu, pour permettre une meilleure articulation entre vie personnelle et engagement politique[17]. Alors que les femmes sont moins disposées que les hommes à tout sacrifier pour faire carrière en politique, l'une des qualités recherchées par les partis pour être tête de liste est le dévouement. Les femmes jeunes, sans enfants, sans profession ou retraitées, sont d'ailleurs les plus nombreuses parmi les conseillères municipales. « Sans parité domestique, il ne pourra pas y avoir de parité politique[18] », constate la politologue Marion Paoletti. Si de nouvelles façons de s'affirmer, d'incarner l'autorité, de représenter les citoyens en dehors du masculin sont sans nul doute en cours d'élaboration, une répartition plus égalitaire des temps sociaux entre hommes et femmes, ainsi que la stricte observance des lois paritaires, semblent donc encore nécessaires avant que les femmes ne puissent investir en masse la politique et bouleverser les pratiques du milieu.

---

16. *Ibid.*

17. « 2001, l'Odyssée paritaire », rapport de l'Observatoire de la parité, *op. cit.*

18. « Entretien avec Marion Paoletti. Liberté, féminité, parité », art. cit.

Repères bibliographiques

Catherine Achin *et al.*, *Sexes, genre et politique*, Paris, Economica, 2007.

Catherine Achin et Sandrine Lévêque, *Femmes en politique*, Paris, La Découverte, coll. « Repères », 2006.

Laure Adler, *Les Femmes politiques*, Paris, seuil, coll. « Points », 2007 (1993).

Roselyne Bachelot et Geneviève Fraisse, *Deux femmes au royaume des hommes*, Paris, Hachette-Littératures, 1999.

Christine Bard (dir.), « Les femmes et le pouvoir », *histoire@politique*, n° 1, mai-juin 2007.

Christine Bard (dir.), *Un siècle d'antiféminisme*, Paris, Fayard, 1999.

Marlaine Cacouault-Bitaud (dir.), « Y a-t-il une féminisation de la vie politique ? », *Travail, genre et sociétés*, n° 18, novembre 2007.

Françoise Gaspard et Philippe Bataille, *Comment les femmes changent la politique et pourquoi les hommes résistent*, Paris, La Découverte, 1999.

Françoise Gaspard, Anne Le Gall et Claude Servan-Schreiber, *Au pouvoir citoyennes ! Liberté, égalité, parité*, Paris, Le Seuil, 1992.

William Gueraiche, *Les Femmes et la République*, Paris, L'Atelier, 1999.

Françoise Héritier, *Masculin/féminin. La pensée de la différence*, Paris, Odile Jacob, 1996.

Éléonore Lépinard, *L'Égalité introuvable. La parité, les féministes et la république*, Paris, Presses de la FNSP, 2007.

Observatoire de la parité, www.obervatoire-parite.gouv.fr.

Michelle Perrot et Georges Duby (dir.), *Histoire des femmes en Occident*, Paris, Plon, 1990-1991, 5 volumes.

Joan Wallach Scott, *Parité ! L'universel et la différence des sexes*, Paris, Albin Michel, 2005.

Mariette Sineau, *Des femmes en politique*, Paris, Economica, 1988.

Mariette Sineau, *Profession femme politique. Sexe et pouvoir sous la Ve République*, Paris, Presses de la FNSP, 2001.

Mariette Sineau et Jane Jenson, *Mitterrand et les Françaises. Un rendez-vous manqué*, Paris, Presses de la FNSP, 1995.

Éliane Viennot, *La France, les femmes et le pouvoir. Volume 1 : L'invention de la loi salique (ve-xvie siècle)*, Paris, Perrin, 2006.

Éliane Viennot (dir.), *La Démocratie « à la française » ou les femmes indésirables*, Paris, Publications de l'université de Paris-VII-Denis Diderot, 1996.

Table